お菓子でたどるフランス史

把甜蜜當武器的
法蘭西歷史與文化

甜點裡的
法國

歐洲中世紀研究專家　東大教授　池上俊一◎著
交通大學社會與文化研究所副教授　邱德亮老師審訂◎審訂
邱顯惠◎譯

目錄

彩圖、第6章章名頁插圖＝Eriy

①奧斯曼大道
②嘉布遣大道
③聖多諾黑街
④和平街
⑤黎胥留街
⑥薇薇安街
⑦薇薇安拱廊街
⑧瓦盧瓦拱廊街
⑨阿布奇路
（舊名：蒙馬特溝渠街）
⑩蒙托格伊街
⑪倫巴德街
⑫貝爾維爾大道
⑬梅尼蒙當大道
⑭特羅素街
（舊名：聖瑪格麗特街）
⑮巴克街
⑯老喜劇院街
（舊名：聖日耳曼溝渠街）
所廣場
特雷甜點店
中央市場
（舊名）
夏特雷法院（舊名）
格列夫廣場（舊名）
皇家廣場
瑪黑區
法院
名）
西堤島
巴黎聖母院
巴士底監獄（舊名）
徒禮拜堂
聖路易島
神學院
巴黎第一大學）

現在的巴黎

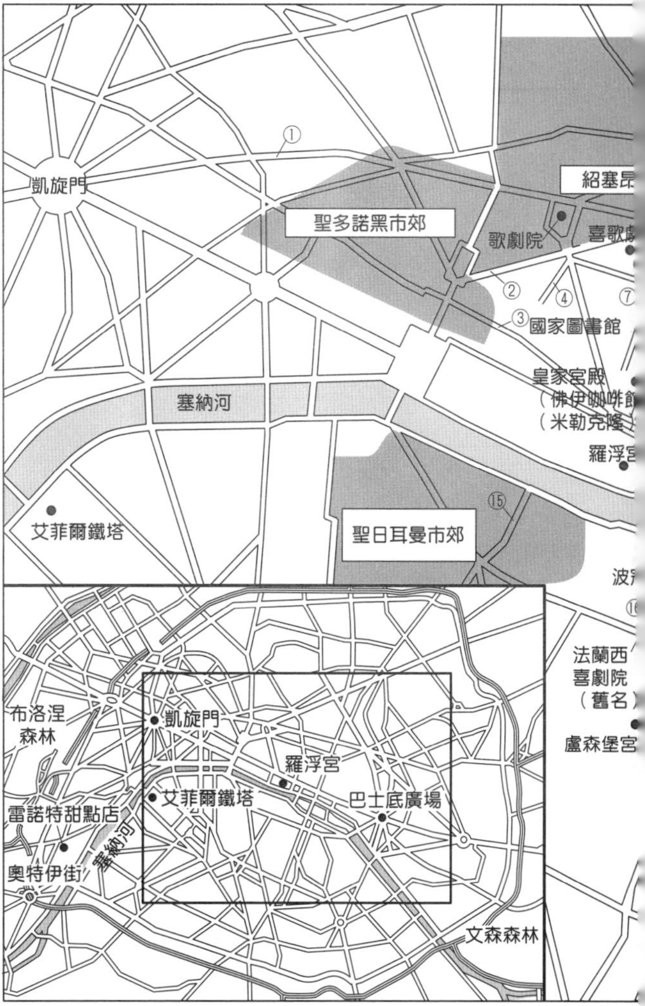

①
凱旋門
聖多諾黑市郊
紹塞昂
歌劇院
喜歌劇
②
④
⑦
③
國家圖書館
皇家宮殿
（佛伊咖啡館
（米勒克隆）
塞納河
羅浮宮
⑮
艾菲爾鐵塔
聖日耳曼市郊
法蘭西
喜劇院
（舊名）
盧森堡宮
布洛涅
森林
凱旋門
羅浮宮
艾菲爾鐵塔
巴士底廣場
雷諾特甜點店
塞納河
奧特伊街
文森森林

法國的地區和都市

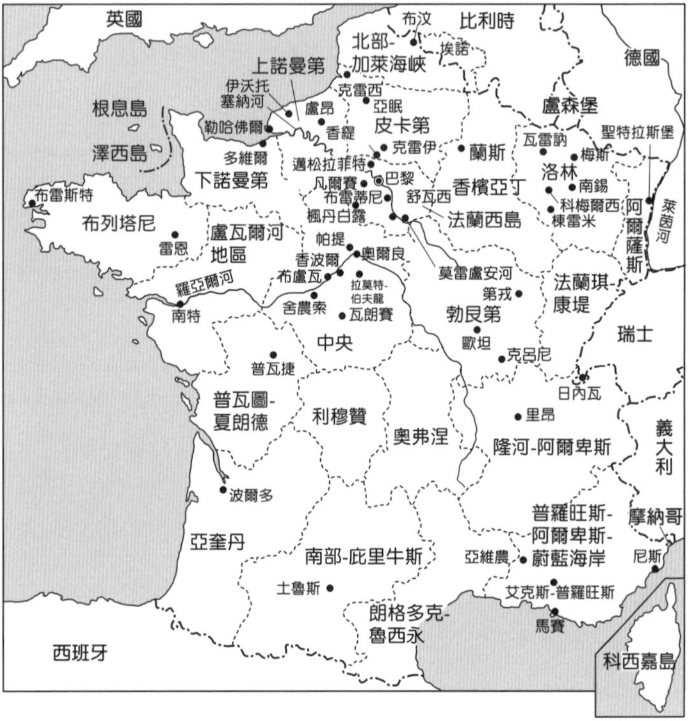
英國
布汶
比利時
北部-
加萊海峽
埃諾
德國
上諾曼第
伊沃托
塞納河
克雷西
亞眠
根息島
盧昂
皮卡第
勒哈佛爾
香緹
盧森堡
瓦雷訥
聖特拉斯堡
澤西島
多維爾
克雷伊
蘭斯
梅斯
邁松拉菲特
洛林
下諾曼第
凡爾賽
巴黎
香檳亞丁
南錫
布雷斯特
布雷蒂尼
舒瓦西
科梅爾西
阿
萊茵河
楓丹白露
法蘭西島
棟雷米
爾
布列塔尼
盧瓦爾河
薩
雷恩
地區
帕提
斯
香波爾
奧爾良
莫雷盧安河
法蘭琪-
羅亞爾河
布盧瓦
拉莫特-
伯夫龍
第戎
康堤
南特
舍農索
瓦朗賽
勃艮第
瑞士
中央
歐坦
普瓦捷
克呂尼
日內瓦
普瓦圖-
里昂
夏朗德
利穆贊
義
奧弗涅
隆河-阿爾卑斯
大
利
波爾多
普羅旺斯-
摩納哥
阿爾卑斯-
亞奎丹
蔚藍海岸
南部-庇里牛斯
亞維農
尼斯
艾克斯-普羅旺斯
土魯斯
朗格多克-
馬賽
魯西永
西班牙
科西嘉島

序章

甜點與法國的深厚關係

卡爾大帝的餐桌

法國甜點世界第一？

大家喜歡吃甜點嗎？我個人非常喜歡。甜食和糖分除了能成為養分、能量來源，還能為疲憊的精神帶來樂趣和喜悅。能達成這個效果的原因為何？要回答這個問題並不容易，但實際上，隨著歷史的進展，人類一直在增加糖分的攝取，直到最近，這種向上攀升的趨勢仍沒有停止。

那麼，作為甜食代表的「甜點」，是在什麼時候、什麼地方、出現過哪些種類的成品？此外，在不同食物中，甜點又占了什麼樣的地位？而甜點和歷史又有怎樣的關聯？這些問題，我們可以試著從研究各個國家、地區的甜點來解答。然而，就我的信念而言，我認為真正能夠作為映照歷史的鏡子、社會和文化的要素，並代表這些事物的，惟有**法國**甜點。如果有人表示：「這是因為你偏愛法國吧。」或許原因正是如此，但我希望大家在閱讀這本書後也能理解我的想法。

大家應該有這種印象吧。在這世上諸多甜點和蛋糕中——儘管最近流行使用「sweets」一詞，但在法語還是會用「pâtisserie」——法國甜點果然還是最棒的。糕點師傅在東京和神戶陸續開設的新店鋪，幾乎都是法國甜點店，而將百貨公司地下街妝點得五彩繽紛、甜蜜又美麗的，也是法國甜點。電視節目或雜誌以特輯報導曾在法國學習的糕點師傅動向，他們製作的創意甜點也會冠上法國風的名字。當然，在德國、英國、義大利和美國等地，也有知名且還算美味的甜點，但即使打著「鄉村風」之類的招牌，陳列在法國甜點旁邊，總讓人覺得只是黯淡的陪襯，難道只有我才有這種想法嗎？

「是不是忘了日式點心？尤其是京都的日式點心。」好像聽到某處傳來這句話。確實如此，但關於這點，必須從完全不同的角度來討論，而且在日本，法國甜點和日式點心，這兩者的食用機會以及扮演的角色是完美共存的，彼此沒有對抗關係，所以本書並不討論這個問題。

不只是法國人，「法國甜點最棒」這種認知是全世界共有的。為何會變成這樣呢？要理解這種情況，就要瞭解法國這個國家和它的歷史，而關鍵就在於法國文化的構成和文化性的世界戰略。

甜點是「多餘的東西」

所謂的「甜點」，就和時尚與社交禮儀一樣，是當地的文化精華之一。甜點能成為精華，是因為它並非生存所必需的食物，而是作為社會關係和文化的潤滑劑、協調工具，以多餘之物而附加存在的。所以，甜點除了和地位、權力連結在一起，也和消遣、喜愛打扮的心情有關聯。

人沒有鹽和水就無法存活。所以，圍繞著鹽和水這兩項要素，會產生政治和經濟上的影響力。伴隨這個作用，就有了統治和隸屬的關係。舉例來說，卡爾．魏特夫（Karl Wittfogel）這位美國的中國研究者就提出以下的意見：「治水，也就是灌溉和水利，正是專制主義國家的起源。」此外，實施「鹽稅」制度在任何地方都是稀鬆平常之事，甚至在羅馬時代，也會將鹽當作薪水，支付給官員和軍人。

然而，甜味劑，也就是砂糖，跟香料一樣，並非生存的必要之物。倒不如說，是為了過得更好的必需品。所以，甜食和甜點，並非由當前的政治、經濟力所掌控，而是被納入文化掌控的權力關係之中。因為文化的價值，人們才會對甜食著迷。首先我們必須先理解這種情況。

其次，不論是蛋糕（法文為「gâteau」）、巧克力（法文為「chocolat」），還是冰淇淋（法文為「glace」），甜食都不像肉或米飯那樣當作主菜和主食食用，而是正餐之間的點心或餐後甜點，位於飲食體系的**邊緣**。點心和甜點都是可有可無的食物，沒有的話會讓人覺得空虛、美中不足、缺乏樂趣。少了它們簡直就像是缺了畫龍點睛的那一筆。而且也有很多甜點是和母親、戀人、朋友或家人之間特別的「回憶」相互連結。

正因為甜點是邊緣的多餘之物，才擁有不可思議的力量，能為生活帶來甜蜜滋潤，讓人們感到幸福。而且為了發揮這股力量，人們持續不斷在甜點上費盡心思。就像和勞動對立的多餘消遣一樣，能為單調的生活提供活力、帶來生存的喜悅。

而如何傾注心力去創造、珍惜這個「多餘之物」，就成為衡量文化素質的一個基準。而且驚人的是，如果追溯歷史，就會發現講究的甜點總是忠實地沿著文明的傳播途徑，從文明程度高的地區傳到文明程度低的地區，從東方到西方，又從西方到東方，將甜美夢想運送到各地。

任何人都能得到的「寶石」

長久以來，甜點在民俗學所說「非日常、日常」的區分中，就是屬於「非日常」的食物，這樣的影響現在也仍然存在。聖誕蛋糕、結婚蛋糕、生日蛋糕、復活節等節日甜點就是如此。而說到日本，則會讓人想到粽子、柏餅*1、菱餅*2等食物，東方和西方兩個世界的一致性實在令人驚訝。現代在情人節贈送的巧克力，或許也是這種情況吧。

此外，這種「非日常」食物的甜點，也會成為「贈禮」「禮物」和「伴手禮」。無論是誰收到這種禮物都會很開心，如果是乾菓子*3，還可以存放較長時間，所以很方便。

進一步來說，大家都允許對甜點徹底進行「裝飾」，沒有像甜點這樣如此近似建築和藝術的食物。但無論再怎麼藝術，那也是一種「仿造品」，是馬上就會被破壞、吃掉的東西；如果是其他食物，就不太被大眾所接受。而能夠以絢麗色彩和大量裝飾來進行點綴的甜點，具有「講究」和「細膩」這種感受和親和性，且其「都會性」的價值越來越重要。鄉土甜點雖然也不差，但從高貴程度、奢華和講究的立場來看，它的價值就降低了。最後這一點，或許可說是西洋甜點，尤其是法國甜點的真正價值。

此外，甜點還有另一個重要的特徵。一般平民難以擁有像王侯貴族那種豪華宅邸、華麗衣服、極度奢侈的飲食，然而，如果是最高級的奢華「甜點」，至少每個人都可能買到。沒錯，「甜點」這種餐桌上的小寶石，其獨特之處就是任何人都能擁有它。儘管是最高級的奢侈品，但仍是開放給所有人、具有民主性的食物，這種精妙的食物是絕無僅有的。

名為「甜點」的武器

那麼，擁有這種社會「地位」以及被賦予文化「意義」的甜點，和「法國」這個國家的「歷史」有什麼樣的關聯？這就是我們要討論的主題。

「藉由甜點講述一國歷史這種小題大作的行為，就好像打算強行將極小事物和極大

＊註1：一種日式點心，於日本的端午節食用。
＊註2：一種日式點心，於日本的女兒節食用。
＊註3：傳統日式點心可依照含水量分類，含水量在一〇％以下的稱為「乾菓子」。

事物連結在一起。」也許有人會有這種不同的意見。然而，乍看之下只是對生存而言，完全沒有也無妨的東西，但實際上甜點對於文化發展具有相當大的貢獻，考量到它是能夠滋潤社會生活、充實家族回憶的要素，就不可能和歷史毫無關聯。相反地，即使有個將甜點當作國家戰略來運用的奇特國家，也不足為奇。

而這樣的國家正是法國。在其漫長歷史中，暫且不說是有意還是無心，法國一直傾注所有精力在研磨「甜點」這把寶刀。首先，在法國國內，會根據不同身分的人的期待來包裝甜點，接著向外國宣傳這種美麗樣貌。

當然，除了甜點，所有「法國料理」都是這樣的宣傳工具，但甜點具有小工具的便利性，即便與其他料理分開，只有甜點也能派上用場。換句話說，高級法國料理首先出現在歐洲宮廷和上流階級的餐桌上，不久後又普及到世界各國，但一般平民很難接觸到這些食物。若是甜點，作為法國美食神話的尖兵，就能夠讓一般人入手、吃進嘴裡。

對法國而言，最重要的戰略就是推廣美食神話，將法國料理和法國甜點變成人們憧憬的目標，「讓人談論」「讓人叫出名字」。即使是位於遠東的日本，也清楚感受到了這個戰略的成功。法國料理和甜點，作為綜合藝術的美食光輝跨越國境傳播出去，不斷描繪出美麗、隨興樂趣、自由奔放、時尚、都會風這種形象。如今只要名字帶有法式風情，甚至會讓人覺得這道料理或甜點變得更有價值。大家覺得如何？薩瓦蘭蛋糕（Savarin）或杏仁塔（Amandine）這種名字念法帶有鼻音的甜點，和薩赫蛋糕（Sachertorte）這種名字念起來死板、好像喉嚨痛的甜點相比，是不是給人更講究又美味的感覺？

本書將以這種法國文化和甜點之間的密切關係作為線索，慢慢追溯法國歷史。雖然「文化史」是本書的主角，但文化史不會單獨存在，所以當然也會提到政治、經濟、社會和宗教等現實情況。

凱爾特人和古代的甜點

先前提到的美食神話和以此為武器來制定國家戰略，是從十七世紀君主專制時期開始，而現在帶給我們樂趣的正統法國甜點，則誕生於十九世紀。不過在此之前，法國不但已經出現了甜點素材，而且還有為甜點的活躍做好前期準備的習慣、制度，以及已經形成的政治、文化和精神結構。所以進入下一章正統甜點和法國歷史之前，要先在此介紹古代的甜點，並簡單介紹古代和中世初期的法國歷史。首先，要注意兩個民族。

自古就有人類定居於現在法國的疆域，此後各種民族接連不斷來到這塊土地，在西元前九世紀左右，凱爾特人從東方多瑙河流域帶著鐵器文化前來。說起法國歷史，法國人認為自己最古老的祖先就是這些凱爾特人，當然更久遠的還有克羅馬儂人、伊比利亞人、利古里亞人等。然而，可以確認的是，給後世法國文化、社會、宗教帶來最直接、重大影響的族群就是凱爾特人，這是毫無疑義的。凱爾特人的信仰是多神教「德魯伊教」，特徵是相信靈魂不滅、崇拜自然物等等，在中世時期仍作為各種民間傳說、風俗習慣而被留存下來。

西元前一世紀，羅馬的尤利烏斯·凱撒（Julius Caesar）就已征服、統治凱爾特人居住的高盧地區（Gaule，現在的法國）。隨著羅馬帝國的發展，高盧的經濟更加發達，也越來越都市化。以現代南法為中心的區域，留存了這個時代的許多建築物——羅馬風格神殿、自來水管、大浴場、劇場等。羅馬帝國為高盧農村帶來前所未有的都市華麗生活。另一方面，在陶器、金銀工藝品和冶金術等領域，也能看到高盧人留下的影響。除了之前說到的多神教，東方的密特拉教和希伯來信仰這類地方宗教也傳入高盧地區。

先前曾提過甜點屬於「非日常」的食物，但從太古開始，人們就將甜點用於巫術、祭神儀式，一直與人們出生、成年、結婚、死亡所舉行的固定儀式連結在一起。在古希臘時代，人們會在結婚典禮中交換甜點；而在羅馬時代，新婚夫妻也會進行奉獻甜點的儀式。中世以後的法國，也繼承了這種結婚典禮的相關民俗活動。舉例來說，在洛林地區（Lorraine），正式認定對方的初吻要在堆疊的鬆餅*（Gaufre，此處為法文的「鬆餅」，以鐵板夾住麵糊再烘烤的甜點）上交換。在布列塔尼地區（Bretagne），求婚時要使用甜點進行。如果要回絕對方，就要製作相同的甜點送還給對方。而在結婚蛋糕的部分，一般認為必須盡可能做成又寬又大的蛋糕，有時還會準備直徑長達一公尺半的巨大蛋糕。在利穆贊地區（Limousin），則會用非常硬的鹹薄餅（Galette，圓形扁平的烤製點心）取代結婚蛋糕，據說伴郎必須以拳頭打碎這種鹹薄餅。

在古代各種祭典中，甜點是一種附屬品，根據西元四〇〇年左右的羅馬作家馬克羅比烏斯（Macrobius）的說法，在農神節要感謝農耕之神薩圖爾努斯（Saturnus）發現蜂蜜和水果，所以要交換「Placenta」*這種甜點。

此外，甜點也會作為供品用來供奉死者。古希臘喜劇作家亞里斯多芬尼斯（Aristophanēs）在《利西翠妲》（*Lysistrata*）這部作品中，就談到名為「梅利托塔」

*註：一種扁平的起司蛋糕。

的蜂蜜蛋糕。將這種蛋糕丟給吃屍體的怪物刻耳柏洛斯（Kerberos），使其遠離死者。刻耳柏洛斯是地獄的看門狗，希臘神話中的英雄海克力士（Hēraklēs）在下地獄的時候，也覺得自己要是被吃掉就糟了，便以蜂蜜蛋糕代替自己將其丟給刻耳柏洛斯。

從這個故事可以知道，這種甜點是能讓地獄之王忘我的迷人食物，也可說是連結陰間與陽世的羈絆。在沒有砂糖的當時，人們會將帶有珍貴甜味，閃耀著光芒的金黃色蜂蜜用於甜點中，當作供品以撫慰地獄眾神。

中世初期的法蘭克人

到了三世紀，日耳曼各民族越過萊茵河進行侵略，羅馬帝國衰敗後分裂成東西兩個國家。統治法國的西羅馬帝國，除了遭受異族侵略，內部也開始脆弱化，最後在四七六年滅亡。當時進行侵略的各「蠻族」國王，將自己的王國建造在西羅馬帝國的廢墟上。而來到高盧地區的，就是我們要特別注意的另一個民族——法蘭克人。法蘭克國王克洛維（Clovis）以巴黎為中心，建立了從萊茵河到庇里牛斯山脈的領地。

羅馬帝國在四世紀時，將基督教當作國教。此外，西羅馬帝國滅亡後，也有許多羅馬人依然留在高盧地區。因此，克洛維在四九六年便體悟到一件事，那就是沒有基督教徒羅馬人的同意，就無法統治這塊土地，於是他從崇拜自然的多神教改信基督教的天主教派（亞他那修派）。後來基督教能夠在法蘭克王國擁有巨大權力，就是因為法蘭克的國王們為了擺脫政治紛亂，求助於有組織力的教會。如同在下一章將會看到的，基督教也給甜點歷史帶來極大的影響。

克洛維死後王國分裂，王權變得更加脆弱，不久，擔任宮相*的丕平（Pépin）取代墨洛溫王朝（Mérovingiens），建立了卡洛林王朝（Karolinger）。七五四年，教宗斯德望二世（Stephanus II）為丕平塗油進行加冕。

丕平之子卡爾一世（大帝）不斷擴張領土。當時的天主教領袖教宗李奧三世（Leo III）和東羅馬帝國處於對抗關係，考慮和卡爾攜手合作。於是，在八〇〇年的聖誕節，教宗為卡爾加冕，使其成為「羅馬皇帝」。卡爾大帝（Karl der Große，又譯為「查理大帝」）和其子虔誠者路易（Ludwig der Fromme）透過王權強化了統治體制，帶來人稱「卡洛林文藝復興」的文化重生時代。此外，法蘭克人的貴族喜歡吃肉，卡爾大帝也非

*註：歐洲中世早期的一個官職。

常喜歡打獵、食用大量肉類。

在甜點方面，以法蘭克人為首的日耳曼民族，原本似乎也習慣供奉摻入蜂蜜的甜麵包，以避免妖怪接近死者。在接受基督教信仰後，這個習慣仍然留存了下來，於是卡爾大帝和東法蘭克國王卡洛曼（Karlmann）便頒發了禁令。此外，人們相信植物諸神和精靈喜歡吃甜點，也有向諸神和精靈供奉甜點的習慣。而且一般認為，從剛耕耘過的土地和雨後土壤間冒出來的水蒸氣和土地香氣，就是製作甜點的Kobold的傑作。Kobold是寄居在家裡或土地中，喜歡惡作劇的精靈。

統一法國的「精髓」

雖然簡單介紹了法國古代和中世初期，但要真正談論「法國史」，必須從王權力量再度影響整個法國，也就是中世後期，大約一〇〇〇年之後開始。不過，要討論法國的起源前，得再回憶一下先前概略提過的法蘭克時代（墨洛溫王朝和卡洛林王朝）。

在法國，一開始是以國王和貴族為中心主導政治，並緩慢塑造出國家的形式，但如同後續將在本書中看到的，到了近代之後，主角成為市民（資產階級），而最後的主角則是民眾。然而，即使主角改變了，他們都是以「法國」這個「國家」「國土」作為活動舞台，建構出社會，慢慢發展文化。調查法國人的起源時，即使不同論述者會有些許差異，但總是在法蘭克時代，或更往前的高盧時代就遇到瓶頸。

舉例來說，十七世紀的思想家亨利．德．布蘭維利（Henri de Boulainvilliers），認為身為征服者的高貴法蘭克人就是後世法國貴族的祖先，被統治的高盧人則是被稱為「第三階級」的農民和商人。此外，十九世紀的歷史家奧古斯丁．蒂埃里（Augustin Thierry）也有這種想法：「操控國家歷史的人種並非只有一個，而是兩個人種，他們各自擁有完全不同的記憶。」這兩個人種，當然就是身為原住民的高盧人和外來的日耳曼人（法蘭克人）。蒂埃里認為，追求自由是高盧人的性格，例如在中世進行的反抗貴族的市民運動。這兩個人種不只有對立關係，也曾共同合作經歷時代變遷。

在此省略較為艱深的討論，姑且不論重點偏向哪邊，高盧人和法蘭克人就是近代之後法國人的祖先，一般認為，這個互動正是將地理上、民族上的法國多樣性整合為一體的基本理論。

十八、十九世紀曾出現一種活動，那就是作為公認的「甜點大國」，除了政治家，知識分子間也將甜點視為法國這個國家值得誇耀的文化，而打算吹捧一番，這些知識分子追溯到古代法國的形成過程，企圖以此展示法國歷史的精彩之處。之後還統整高盧人、法蘭克人以及後來到來的各種人種和多樣文化，論述法國的這種獨特力量。

而其中之一就是十九世紀的歷史家朱爾・米榭勒（Jules Michelet）所使用的「精髓（génie）」一詞。十九世紀的文學家和歷史家頻繁使用這個詞彙。「génie」除了表示「精髓」之意，也會翻成「特點」「真正價值」；在神話學中，則是指「精靈」「神靈」「守護神」等意。此外，也有「天才」，或個人擁有的「天分」「天性」和「才能」之意。

米榭勒特別強調的，就是存在於法國這塊「國土」的「精髓」。他提出這種意見：「法國的『國民精髓』，就是擁有將各式各樣人種和地區整合為一體的力量。」而且他認為這種力量並非勉強讓法國統一，而是將各個地區和各個人種自然吸引過來、充滿魅力的力量。十九世紀的眾多歷史家、文學家、哲學家都談論過相同情況。而這個精髓，就成為產生精采法國文化的其中一個要素——「法國甜點」的力量。

接納、同化的國家

那麼，法國是如何吸收各種民族和文化？長久以來，法國都將「屬地主義」作為取得國籍的條件。要獲得法國人的公民權，在法國國土出生、成長是最重要的事，也就是說，無論是哪一個民族、人種，都能成為「法國人」。與此相對的就是德國的「血統主義」。其原則是不管在哪裡出生都無妨，但要成為德國人，就必須繼承德國人父母的血脈，以「血緣」連結打造德國人。這應該是連結到「德國民族」存在的信念，嚮往純血統的志向，以及害怕血統不純潔之類的想法。

十九世紀以來，法國這種屬地主義就和血統主義併用，即便如此，和其他歐洲國家相比，來自非洲和亞洲的移民要取得法國國籍，還是容易得多。據說四個法國人之中，就有一個人的父母或祖父母是移民身分。

然而，一旦成為法國人，政府就會要求移民向法國宣誓效忠，遵守國家的基本原理，正確地說、寫法文這個共通語言。直到最近，都還不允許人民說英文等其他外來語，而要大家改說法文，也是這種作法的表現。由不同出身、來歷的人口所組成的法國，雖然在私人空間保障了個人宗教、生活習慣和語言的自由，但在公共場合，所有法國人必須遵從唯一共同的原則。不過，這樣往往會成為「沒有同化的事物就會被排除、箝制」這種自以為是的法國優越主義。

總之，我認為法國是兩個對立面向共存的奇特國家。在漫長的歷史發展中，人種、思想和習慣都和多元化的事物碰撞，彼此產生作用，逐漸打造出法國人、法國思想和法國社會這些事物。在這個過程中，也持續將「只有存在於法國的事物才擁有正確、普遍的價值」這個觀念正當化。外國人要反駁這種偏見相當困難，但這種偏見的強烈程度，確實也有讓外國人認為「或許就是如此」的力量。

而且法國也完美吸收德國的哲學、義大利的音樂、人文主義、飲食文化以及「甜點」，吸收完畢以後還把它當作自己本有的東西，甚至對外也如此主張。

支撐文化立國的力量

希望大家要記住這一點，操控歷史的，並非只有軍事力、農業生產或階級關係這種現實的物質、社會條件。那個時代的人民觀念，以及人類與環境、世界觀和歷史的相關展望，也具有無法忽視的力量。

如同之後所見，法國長期掌控歐洲霸權。第一次世界大戰後，法國雖然失去殖民地，國力大幅衰退，但在文化和精神上仍留有優越性。最近則因全球化、英語優越主義等因素影響，在文化領域迎來了嚴峻的挑戰。

為何會出現這種情況呢？這是因為大家一直相信米榭勒等人所言「法國精髓」的力量。這種力量與法國國土有著密切關聯。如果法國人像猶太人那樣失去國土，分散於全世界，法國文化或許早就不復以往的盛況，因為他們所認為的精髓，是扎根於這塊土地上的事物。就我的觀點來看，法國「料理」和可稱為料理精髓的「甜點」，如果拿掉法國這塊土地的多元豐富性，以及法國人對這塊國土的眷戀和信仰，就無法成為出色的東西。關於這點，透過下一章的具體描述，就會更清楚。

那麼，就讓我們開始進行甜蜜的歷史之旅吧。

第 1 章

基督教信仰與中世樸素的甜點

販賣烏布利鬆餅的小販

甜點的衰退與復活

如同序章所介紹的，希臘人和羅馬人食用多種加入蜂蜜和果實的甜點，但羅馬帝國分裂（三九五年）、垮台（四七六年）後，人們就沒有餘力去享用甜點這種「多餘的東西」。雖然日耳曼人獻給諸神和精靈的供品中也有甜點，但這是特別的食物，平常不太食用。

然而，「甜點」卻從一個意想不到的地方慢慢復活起來，那就是基督教教會的內部。從古代末期到中世初期，在各地領主割據的不穩定時代，教會是唯一一個呼籲和平、能夠統整歐洲世界的組織。

而且教廷派遣的傳教士和布道者，致力讓日耳曼民族改信基督教。他們雖然對異教發動無止盡的戰爭，砍倒崇拜自然的「聖樹」、破壞神殿，但還是難以根絕異教信仰，不得不從改變異教徒熟悉的物品和習慣開始，將其轉換為基督教風格。換句話說，就是將基督教的祭典和崇敬聖人移植到日耳曼、凱爾特和羅馬的祭典、諸神崇拜上。這也和祭典及祭典中食用的甜點有所關聯。

基督教與甜點

法蘭克的國王們也意識到基督教教會的力量。由很快改信正統亞他那修派基督教的克洛維國王帶頭，接著加冕成為皇帝的卡爾大帝也統一了零亂的典禮形式，發布詔令，禁止異教風俗，打算和羅馬天主教教會合作治理國家。甜點也在這個時候逐漸復活。

乍看之下，會覺得基督教似乎是甜點的敵人。因為從古代開始，基督教教會所說的「惡行」就包含了「暴食、貪吃」。暴食和色慾一樣經常出現在惡行清單中。一般認為，將主要的惡行制定為七宗罪（傲慢、貪婪、色慾、憤怒、暴食、妒嫉、怠惰），是在大教宗額我略一世（Gregorius I，五九〇年～六〇四年在位）時期。

對「暴食」的批判，很容易被推論是和批判甜點有關，而且情況也確實是如此。但令人意外的是，歐洲的蛋糕是源自於基督教儀式。因為基督教會製作「烏布利鬆餅（Oublie，又稱「Oblée」）」和「Nieules」等點心當作供品。這些點心一開始並不是甜的，但卻為不久後加入蜂蜜的「甜點」奠定了誕生的基礎。

修道院的作用

在中世，修道院的作用非常重要。修道士是基督教的菁英分子，除了是實現救贖的榜樣，還過著嚴格的共同修行生活，意欲透過祈禱、祭禮為社會帶來救贖。法國也從古代末期開始建造各種修道院。

修道院通常建於遠離人群村落的地方，修道士過著厭離現世的禁慾生活。修道院被稱為「天堂的前庭」，修道士每天過著專心致力於祭禮的生活。所以也形成一個觀點：「相較於與世俗（非宗教世界）隔絕的修道士，司鐸和主教在世俗方面的影響力更強大。」管理教區的主教是受到所有神職人員尊敬的最高權力者，是所有神職人員的教育者，也是重罪的審判者。圍繞著主教形成一個名為「聖堂參事會」的團體，以輔佐主教的工作。另一方面，將教區分為各個小教區後，小教區的司鐸要管理、指導信徒，每個星期日都會在教會舉行彌撒。這些在俗的神職人員確實給信徒的日常生活帶來了巨大的影響。

然而，修道院也絕非和世俗毫無關係。相反地，修道院本身就是大領主，可支配土地，並藉由承租農地的農民所做的繁重勞動來維持生活。修道院也會雇用「俗人修士」這種做雜工的非神職人員。此外，修道院大多會保管「聖髑」，這些東西是聖人的遺骸、遺物，是人們信仰的對象，也經常有大量朝聖者以此為目標進行參訪。所以修道士對世俗民眾帶來的感化影響也不容忽視。

圖1-1　監督農民工作的修道士

在中世中期之後的歷史中，格外重要的是克呂尼修道院。聖本篤（Saint Benedict）在六世紀前半創立了制定戒律的本篤會，而克呂尼修道院和其他多數修道院一樣，也是該會成員之一，但具有特殊的地位。西元九一〇年，亞奎丹公爵威廉一世（William I, Duke of Aquitaine）居中進行協調，在勃艮第地區（Bourgogne）的克呂尼（Cluny）建立了這個修道院。經過一些改革後，修道院擁有了自行決定人事和財產的權力，這些權力原先是由非神職人員掌控。而且克呂尼修道院還成為教宗直屬修道院，瞬間就將分院擴展到整個歐洲，尤其在法國更有大幅的發展。

連繫著神與人的甜點

克呂尼等修道院是大領主，所以除了小麥及其他眾多穀物、葡萄和河魚等收穫，還能取得蜂蜜、雞蛋和起司等食物。因此這種修道院的修道士，成為了製作葡萄酒、麵包以及甜點的先鋒。然而，繳納這些材料的農民卻被禁止自行製作甜點、麵包和蛋糕。那麼修道士製作甜點的目的是什麼呢？

從中世初期，在聖賢傳記、修道院的常規戒律、大公會議的記錄和神學者的著作、書信中，就陸續出現能真正被認為是「甜點」的食物——祝福餅（eulogia）或烏布利鬆餅。「eulogia」在希臘文代表「祝福」之意，是用餐前或空腹時充饑的食物。修道士會聚集在食堂食用祝福餅。這給人帶來一種印象，亦即修道院院長和一般修道士之間有一種親子關係——這並非血緣關係，而是透過宗教羈絆連結的關係。而且教宗、主教和司鐸等神職人員，有時也會將祝福餅當作禮物，贈送給關係密切的教會相關人士。

「烏布利鬆餅」則是和聖體餅（Hostia）極為相似的點心，聖體餅是原先由輔祭在聖器收藏室烘烤的一種白色、圓圓扁平的餅。在基督教的彌撒中，信徒會領取、食用聖體餅。這個儀式稱為「領受聖體」，由神職人員負責祈禱進行餅祝聖儀式，將餅當作基督的身體。這種聖體餅沒有使用酵母，未經發酵，在爐灶上烘烤成薄薄一片。烏布利鬆餅同樣也是未經發酵的食物，在優質麵粉中加入水和葡萄酒，將麵糊夾在兩個圓形鐵製烤模中烘烤，跟鬆餅很相似。修女們似乎也很擅長製作這種點心。

做好的成品會以白布包住，一部分用於彌撒聖祭。在拿到祭壇上之前，會在左側被稱為「祭台」的桌子上進行莊嚴的祈禱，同時展開祝聖儀式。祝聖後的聖體餅，會變體成為「基督的身體」，所以吃了聖體餅，就能獲得基督在十字架上犧牲而來的恩寵。

圖1-2　基督和聖體餅

另一方面，祝聖儀式是低階的宗教行為，所以烏布利鬆餅有著珍貴甜點、餅的地位。此外，司鐸習慣在祝聖儀式後，將另一部分的聖體餅交給無法出席領受聖體的信徒。這樣雖然沒有達到參加彌撒、領受聖體餅的程度，但還是能成為暫時的救贖保障。

祝福餅和烏布利鬆餅的普及

在克呂尼修道院的常規戒律中，規定修道士要在四旬期[*1]分發烏布利鬆餅。在其他史料中，烏布利鬆餅也被視為在四旬期的星期日、濯足節[*2]，以及復活節當週舉行盛典後隔一天的食物。也就是說，烏布利鬆餅是各地修道院的節日食物。有一份紀錄顯示，一二〇二年，巴黎的教會神職人員在基督升天日的前一天會領到鬆糕（Échaudé，參照P41）、烏布利鬆餅和葡萄酒。會留下這種紀錄，應該是祝福餅和烏布利鬆餅先在修道院內普及，而這些點心在小教區每週舉行的彌撒和大型節日，開始被分配給一般民眾之後便慢慢普及起來。

順帶一提，到了近世之後，修道院會進行的勞動，除了有農務，還有釀造利口酒、製作果醬和蜜餞。在法國大革命之前，修女製作出很多美味甜點，像是莫雷盧安河（Moret sur loing）的大麥糖（Sucre d'Orge，以大麥製成的糖果）、里昂（Lyon）的柑橘醬、艾克斯－普羅旺斯（Aix-en-Provence）的杏仁點心、巴黎的法式薄餅脆片（Feuillantine，烤成薄餅的脆片甜點）等甜點，美食家葛立莫（Grimod，參照P184）就在其著作《老饕年鑑》（*Almanach des gourmands*，一八〇三～一八一二年）的各個篇章中，充滿懷念地回顧這些甜點。

活躍的叫賣小販

不久之後，製作烏布利鬆餅的人從輔祭和修女轉為民間的師傅。這些專門製作烏布利鬆餅的師傅被稱為「oblоyer」「oblayer」「oubloyer」「oublayeur」，在一二〇七年，首次出現在同業工會清單中。在一二九二年的「人頭稅登記簿」中，記錄了巴黎有二十九名烏布利鬆餅師傅。

這些也負責製作聖體麵包的師傅，會受到教會的嚴厲監視。像是禁止這些領班、師傅和徒弟玩骰子（賭博），不能出入紅燈區，必須做一個品行正直、名聲良好的人。當然，製作這些食物的材料也必須使用優質雞蛋。

十五世紀，烏布利鬆餅師傅逐漸被甜點師傅的同業工會所吸收。到了這個時期，

＊註1：指復活節前的四十天準備期。
＊註2：復活節之前的星期四。

在狂歡節及其他節慶所使用的甜點，除了烏布利鬆餅，還出現其他種類的甜點。一般認為，教會討厭讓非神職人員製作用於教會儀式的烏布利鬆餅，所以打算交給修女製作。不過，擁有個人禮拜堂、由禮拜堂司鐸進行祭祀儀式的王侯，一直都有雇用烏布利鬆餅師傅，並將其歸類在傭人之列。

民間的烏布利鬆餅師傅也開始製作、販售和烏布利鬆餅類似的甜點（鬆餅等甜點），在大型節日、朝聖，或出現排隊人潮時，對著聚集在教會和廣場的人們進行叫賣。最早期的例子記載於十三世紀，在吉爾曼・德・拉・維倫紐夫（Guillaume de La Villeneuve）的著作《巴黎的叫賣》（*Les crisde Paris*）中寫到。當時，各種小販以特有的叫喚聲吸引顧客靠近以販售商品，而烏布利鬆餅小販則是叫喚著：「熱騰騰又大的烏布利鬆餅呦！」吸引顧客購買。到了近代，烏布利鬆餅小販經常透過窗戶向正在用晚餐的市民打招呼，引誘他們玩骰子。如果輸給市民，小販不但要免費贈送烏布利鬆餅，還會被要求唱歌。這種歌曲的詞句經常是淫穢內容，所以有時巴黎警察也會禁止這一類的叫賣。烏布利鬆餅原本是做成小小的圓形狀，但後來也經常被捲成筒形或圓錐形（參照本章章名頁）。

鬆糕也是在街頭、廣場和市場販售且相當受歡迎的甜點。這種甜點是先以麵粉製作堅硬麵團，再以擀麵棍延展壓平，切成細長條狀後放入滾水中，再放在壁爐的灰燼下使其乾燥，或是在爐灶中烘烤一晚，是一種二度加熱的甜點。後來慢慢改良，加入香料茴芹，費盡心思使其更加美味。就像烏布利鬆餅和鬆糕的普及所表現的情況一樣，到了中世後期，甜點和一般市民的距離也更加接近。

除此之外，還陸續出現了各種名字的甜點。「Nieules」有時是指和烏布利鬆餅一樣的食物，但也有不同情況。例如屬於鬆餅的一種，外型輕巧、纖細像雲一樣輕薄，據說會特別在五旬節（聖靈降臨日）時作為上天的賞賜分發給信徒。到了近代，這種甜點依然存在。據說斯坦尼斯瓦夫國王（Stanisław，參照P121）非常喜歡這種甜點，他在去凡爾賽和女兒見面時，總是會在口袋塞滿Nieules。

此外，除了鹹薄餅和烤餅（Fouace，以優質麵粉製作的鹹薄餅），還有奶油圓餅（Dariole）、法式焦糖布丁（Flan）、弗拉米許塔（Flamiche）和葛耶等塔皮點心，而且似乎還有庫涅、布里歐（Brioche，參照P107）等鹹麵包和摻入奶油的麵包點心，直到近世都深受大眾喜愛。

一三二〇年，北法吟遊詩人瓦特里給．德．顧凡（Watriquet de Couvin）創作的《巴黎三夫人》故事中，三位商人的妻子在主顯節（一月六日）外出狂歡作樂，並在小酒館用餐，最後她們在小酒館點餐：「想讓頭腦清醒一點，請給我們三瓶格那希*……然後再給我們鬆餅、烏布利鬆餅、起司和去皮杏仁、梨子、香料和核桃。」可見，在小酒館也有供應甜點。

這些中世的樸素甜點到底有多「甜」？是否加了滿滿的砂糖或蜂蜜？答案不太清楚。也有人主張中世的人們對甜味沒什麼興趣。然而，從透過東方和西班牙接觸到阿拉伯世界的歐洲人，每個人都對甜味點心讚不絕口的紀錄來看，我認為從中世中期到後半，甜點也應該在法國逐漸普及開來。

卡佩王朝的開始

接著，再回到法國史概要。將時代稍微往前追溯。卡爾大帝的帝國在八四三年分成東、西、中三個王國，其中，分給禿頭查理（Charles II le Chauve）的西法蘭克，成為之後法國的基本疆域。西法蘭克在禿頭查理死亡（八七七年）後，接連幾個繼位者都很短命。經過短暫的法蘭克帝國統一時期，西法蘭克王位在八八八年交到巴黎伯爵厄德（Eudes）手上，卡洛林家族不再繼承王位。厄德是擊退諾曼人（維京人）的英雄。到了九世紀～十世紀，伊斯蘭教徒入侵南方，維京人則從北方入侵，在歐洲各地進行掠奪。維京人在法國更以修道院為目標來搶奪寶物。危機並沒有因為厄德的活躍而消失。

在厄德之後，卡洛林家族再次重回王位，但厄德之弟羅貝爾一世（Robert I）的孫子雨果・卡佩（Hugues Capet），在九八七年經推薦登上王位，開啟了卡佩王朝（Capétiens）。雨果原本是巴黎附近法蘭西島（Ile-de-France）地區的領主。十世紀，在卡爾大帝的帝國出現分割、繼承和混亂的時代，掌握各地土地實權、具有影響力的人，就成為領主（公爵或伯爵），在各自的領土內像國王一樣。羅貝爾一族的雨果・卡佩就是當中最強大者。

封建制度和三個階級

公爵、伯爵和當時的教會勢力一樣，是實力逐漸增強的世俗權力代表。在城堡設置據點、有效統治整個區域的城主是世俗權力的核心人物。原本的城堡只不過是以泥土

*註：濃度高的葡萄酒。

或木頭建造的小城堡，但不久後便開始建造更堅固的石造城堡。城主負責整個區域的和平、維持正義，擁有審判權，可以向領民課徵各種稅金。

在諸侯、城主底下效勞、競爭軍功的就是騎士。所謂的「騎士」，是隨身攜帶武器的自由人，當他們決定好主君，便在主君面前跪下，進行宣誓效忠的臣服禮*，成為家臣。主君會分發作為領地的土地來供養騎士，同時在戰爭時率領家臣、指揮戰事。另一方面，騎士身為家臣的義務，就是要「援助」主君、提供「建議」。其中，援助有各種類型，除了主君被捕時，騎士要支付贖金，或是為主君的女兒準備嫁妝，最重要的就是軍事援助。而且當主君衰老或生病，也要妥善輔佐他們進行財產管理。

在地勢力會互相爭奪統治權，經常引起戰爭，農民和教會便成為受害者而受苦。然而，這種封建制度有眾多權力者分立，所以能形成遏止無政府狀態以及蠻橫掠奪的社會結構，這一點也不容忽視。因為封建關係中，尤其是身分高的領主之間，存在著宛如友好條約的作用，而且透過如網狀遍布、錯綜複雜的封建關係，也大大迴避了紛爭。

雖然封建制度和騎士制度、以貴族為頂點的階級制度互相牽扯，但直到最後法國大革命時為止，樣貌雖然有所改變卻仍然留存了下來，可說是長期操控法國的結構。這個封建的階級社會，換句話說，就是祈禱者、作戰者和勞動者「三種階級」的社會。祈禱者就是神職人員，作戰者就是騎士，而勞動者就是農民。不過，從十二世紀左右起，都市商人和師傅的數量也有所增加，並慢慢增強了實力，勞動者也產生分化，所以這個階級制度和現實情況逐漸分離。

國王的權威

雨果從這些諸侯之中被選為國王，但在他的時代，羅貝爾家族早已失去政治勢力，手下的家臣各自獨立，統治領域也減少了。不過，卡佩王朝正是法國這個「國家」逐漸成形的重要契機。儘管卡佩王朝一開始非常脆弱，王國領土只有法蘭西島附近的狹小範圍，國王權力也只有直接影響到少數家臣。即便如此，為何雨果還是能立於那些統治領域比他大很多的幾位諸侯之上？因為他擁有一些特別的權勢。

首先，雨果在成為國王時舉辦的祝聖儀式上，以聖靈送來的聖油瓶塗油，取得神聖權威，主張自己的王權源自於上帝。這在基督教擁有極大權力的當時，產生了很大的說

＊註：建立臣屬關係的一種儀式。

服力。

此外，無論國王的直轄領土再怎麼稀少，也是身處封建階級的頂點。所以，國王不需向任何人行「臣服禮」；相反的，即便是擁有大量領地的大諸侯，也有義務向國王行「臣服禮」。就算是形式上，也存在著諸侯從國王手中獲得土地和管轄權的關係。另一方面，除了在上帝面前，國王都不需要下跪。

卡佩王室透過婚姻政策、沒收和其他手段，逐步擴張王國領土。總之，在卡佩王朝時代（九八七～一三二八年）確定了後來被視為法國疆域的土地範圍。

十字軍和甜點的材料

到了十一世紀，過往困擾法國的異族侵略停止了，騎士之間的內戰也透過教會主導的「上帝的和平」「上帝的休戰」運動，受到一定程度的抑制。

此外，教會讓基督教教徒之間停止紛爭流血，取而代之的是，打算讓他們對抗基督教世界的敵人——「異教徒」。而實現這件事的就是十字軍（一〇九六～一二七〇年）。十字軍是由教宗所計畫結成的「基督教戰士」，目的是為了奪回被伊斯蘭教徒奪走的聖地耶路撒冷，換言之就是以騎士為主要戰力，進行了八次軍事遠征。但只有第一次的十字軍出征「成功」，因為以法國騎士為主，由布永的戈弗雷（Godefroy de Bouillon）等諸侯率領的軍隊表現非常活躍。十字軍在一〇九九年征服聖地，建立耶路撒冷王國。

十字軍雖然是一種軍事衝突，但也有促進文化交流的面向，許多和飲食文化有關的食物也經由阿拉伯世界被帶入歐洲，例如砂糖、香料、柳橙、檸檬、杏子等水果。我們將在第2章和第3章中說明給歐洲帶來甜味的砂糖所代表的意義

貴族喜愛的蜜餞

之前已經提過，修道院身為領主，會收到納貢的小麥、蜂蜜和雞蛋等食材，這有助於修道院製作甜點，貴族的情況也是一樣。貴族讓農民繳納雞蛋、起司和蜂蜜，作為麵包窯的使用原料，而他們能藉此食用甜點，而且還能取得一定分量的砂糖。在此就來觀察一下，能以特權享用甜食的中世貴族們眼中的「甜點」。

雖然基督教批判暴食和沉溺飲食的行為，但在醫學理論方面，甜食擁有著極佳的評

價。直到十七世紀，藥局販售的蔗糖（以甘蔗製作的砂糖）仍被視為藥品。人們將蔗糖視為有助於消化食物的「香料」，也會使用於肉類、魚肉和蔬菜料理中，為中世末期到文藝復興時期的貴族餐桌帶來獨特的滋味。貴族除了使用含有砂糖的各種香料，還將具有強烈酸味的材料作為醬汁原料大量使用，像是酸葡萄汁（取自尚未成熟或綠葡萄的酸味葡萄汁）、醋、檸檬、柳橙、醋栗、青蘋果、酸模汁，所以出現具有「酸甜」味道的料理。

在菁英分子之間同樣有這種習慣，亦即在餐點最後端出杏仁糖*（將杏仁等食材以白色、粉紅色、藍色等硬糖衣包裹起來的糖果）、生薑蜜餞，或以柳橙皮製作的糖果*（法文說法為「confiserie」）。因為十字軍的東征，阿拉伯人在很早以前就開始食用的糖果、果醬和蜜餞水果被引進法國，之後更在中世末期形成流行風潮。

說到果醬（法文為「confiture」），法國除了有阿拉伯傳入的玫瑰果醬、枸櫞（檸檬的一種）果醬、摻雜麝香果凍的果醬，也創造出新的果醬，像是利用梅乾（prun）、越橘（莓果的一種）和日本小檗等果實，或歐白芷的莖、紫花地丁花製成的果醬。一般認為，果醬可在飯後使胃部閉合，有幫助消化的效果。當然也有令人愉悅、開心的優點。摻雜果凍狀砂糖和蜂蜜的甜點，會以榲桲、茴芹、丁香、麝香添加香氣，當時的人們經常食用這類甜點。

中世時期人們一般對「樂園」的想像，就是生長著許多香料原料植物的世外桃源，或是流淌蜜汁與牛奶的土地。人們在餐後所吃的糖果，或許就和這種樂園的形象有關。

香料麵包

而和蛋糕類似的甜點又是指什麼呢？在此要介紹的是「香料麵包*（Pain d'Épices）」。「香料麵包」是指以蜂蜜和麵粉（或裸麥粉）製成的麵包，裡面充滿了香料（法文為「épice」）揮發所產生的香氣。這種食物似乎在十一世紀就已存在，在中世後期、十四、十五世紀開始普及。在一六九四年出版的《法蘭西學院辭典》（*Dictionnaire de l'Académie Francaise*）中，首次記載了香料蛋糕，說明為「利用裸麥粉、蜂蜜和香料製成的一種蛋糕」，但據說也是很久以前就開始食用的食物。

據傳，香料麵包是從中國經由阿拉伯世界傳到歐洲，原本是以麵粉和蜂蜜揉製，後來逐漸以裸麥取代小麥，且另外加入香料（肉豆蔻、肉桂、生薑、胡椒和丁香等等）。法國的勃艮第、香檳地區（Champagne）、法蘭德斯（Flandre，以現在的比利時西部為主的地區，包含法國北部和荷蘭南部的部分地區）等地的香料麵包都非常有名。原先好像是修道院製作的食物，不過後來貴族官邸也開始製作。

除了香料麵包，貴族還開始讓自己雇用的薄餅師傅和甜點師傅製作豪華的甜點。在這些食物當中，最受大家喜愛的，當然就是脆脆的烤薄餅（一種鬆餅），這種點心是在兩片塗滿奶油的滾燙鐵板間烘烤而成，通常會加入砂糖或蜂蜜做成甜的口味，所以可說是蛋糕的始祖。這種烤薄餅也有著像是「星雲」「雲」或是「天使麵包」等暱稱，這能看出在中世人們的心中，這道甜點具有多麼珍貴的意義。

各種烤製甜點

在此先翻閱一下中世的料理書。這些書籍的作者全都是為王侯貴族服務的廚師。書中刊載了被當作附加菜餚（肉類料理和餐後甜點之間的餐點）來食用的點心。中世末期為法國國王和諸侯服務的廚師塔勒芬（Taillevent），在他的料理書《Le Viandier》中，記載了鹹甜兩種味道的附加菜餚，後者的範例是以麵包和果乾製作的布丁「Taillis」。

當然，作為「結尾」的餐後甜點中也有甜的點心。除了烤蘋果、梨子、無花果、葡萄、歐楂、核桃，主要是以杏仁糖、柳橙皮蜜餞、梨子蜜餞、榲桲蜜餞、香料草藥酒（hippocras，加入香料的葡萄酒）為主，但也有加入砂糖的小麥牛奶粥和烤製甜點。烤製甜點以「油炸水果千層酥」為例，是在柔軟的派皮中放入蘋果、無花果和葡萄乾等食材，再烘烤油炸作成的點心。此外，也有以杏仁牛奶和米粉製作的法式焦糖布丁。

先前提過十字軍的話題，在此介紹另一個，一般認為同樣是透過十字軍從阿拉伯世界傳入的甜點素材——折疊千層麵團。這種材料是以小麥麵粉和橄欖油揉製麵團，再將麵團延展壓平，並以驚人的纖薄程度折疊成好幾層。在法國，一般認為，這種做法是十字軍士兵看到後回來傳給妻子或女僕。後來又將橄欖油換成奶油，延展壓平麵團後再次折疊，重複這個動作好幾次。一三一一年，在亞眠（Amiens）的主教證書中，就有提到以這種折疊千層麵團製作的甜點。

然而，製作這種麵團是很麻煩的作業，手指必須要很靈活。法國主婦要完美做出這種成品既困難又辛苦，於是她們馬上恢復以前的習慣，改做普通的鬆餅或簡單的塔皮點心。在中世的農村或都市，使用水果或起司製作的塔皮點心是最普通的甜點。而且在每個地區都有各種不同的變化。我在之後的章節中打算推理、探索一下聖女貞德所吃的塔皮點心。

農業的發達和都市的成長

那麼，農民的生活情況又如何呢？他們在十一世紀時，仍然被束縛在領主經營的莊園中。農奴為非自由人，雖然能分配到食物和衣物，但必須無酬為領主奉獻全部的勞力。佃農多數是自由身分，但即便如此，能夠擁有自由土地的情況也很稀少，只能向領主租地耕作。他們要繳交地租給莊園領主，除此之外，還必須納貢許多東西。

農民的生活很辛苦，經常遭遇飢荒，而且欠缺農具，好不容易才能將收成提升到種子的三倍。但農業技術逐漸進步的情況也不容忽視。領主利用水車磨製麵粉的製粉場越來越多之後，就節省了龐大時間。此外，從十二世紀開始，開墾越來越順利，農地大量增加。與此同時，出現了鐵製大斧頭、鐵鍬、風車等工具，而且三圃制耕作法也開始普及，農業生產量有所增加。

到了十二世紀中葉，古典莊園已經解體，大量的賦役、納貢慢慢消失，領主對農民的勞動力需求減少，農民可以為自己和家人進行農務。到了十三世紀，一般認為因為農業生產量增加，且耕地收成量提高，所以法國的人口從一千兩百萬增加到兩千萬。

這種農業發展，同時也讓「移動」更興盛，很多人為了追求更大的自由，毅然離開自己生活的村落小教區。農業生產的發展，也促成了剩餘物資的交易，都市成為各類師傅進行工業生產和交易商品的據點，且慢慢開始成長。

在十二、十三世紀，全歐洲的都市都有所發展。除了羅馬時代的舊都市，在主要城堡和修道院附近，還形成了「自治市鎮」這種新開發的城鎮，許多居民開始在此定居，並逐漸形成新都市。商人和師傅在此尋求獲利而進行活動，相同的業者聚集在一起，為了互助合作和營業管理組成工會（同業工會）。此外，新生都市也向修道院、主教、伯爵等領主提出要求，希望能廢除妨礙商業活動的通行稅、領主審判權和軍事徵用。這種運動被稱為「公社運動」

王權的強化和巴黎的發展

在法國，首都巴黎出現了最顯著的發展。中世初期，宮廷沒有固定場所，到處搬遷，但慢慢地在巴黎蓋起皇宮和官廳建築後，這裡就成為行政、司法、立法等所有部門的中心。巴黎在十二、十三世紀就已經是歐洲首屈一指的文化和學問之都，並逐漸獲得整個歐洲的認可。

腓力二世（Philippe II，又稱「尊嚴王」，一一八〇～一二二三年在位）將巴黎作為了正式首都。腓力在和強大家臣金雀花家族（Plantagenet）競爭後獲得勝利，收復諾曼第（Normandy）等領地。接著打贏了敵對的英格蘭和德意志（布汶戰役，一二一四年），奠定了日後的發展基礎。在內政方面，則是改革行政、增加收入。因此修築了新的城牆，建造羅浮宮，完成首都的美化。巴黎也一躍成為商業中心。負責金融和國際貿易的大量外國商人前來巴黎，在通往夏特雷法院的橋上開設了一間又一間的換錢所，水路商人的船隻在格列夫廣場卸下木材、穀物、葡萄酒，或來自香檳地區集市的商品。在巴黎市長厄特讓．布瓦洛（Etienne Boileau）整理的《同業工會規約》中，顯示當時約有五千名領班，並列出兩百五十個到三百五十個同業工會的名稱。

之後，以「聖王」頭銜著稱的路易九世（Louis IX），逐漸進行王國領域內的集權化，從英格蘭國王手中取得許多領土。他的另一項重要事蹟則是創立巴黎高等法院（參照P92）和審計法院。他第二次率領十字軍出征時，於一二七〇年在北非突尼斯（Tunis）去世。路易九世的的兒子腓力三世（Philippe III）繼承了王位，接著繼承的腓力四世（Philippe IV，一二八五～一三一四年在位）則是卡佩王朝後期極具影響力的國王，尤其是他更加強力推進王國行政的中央集權化。腓力四世著手改善王國財政，打算找尋新的財源，所以在法國舉行了首次「三級會議」（參照P72），集合三個階級的代表。此外，他持續與羅馬教宗對立，最終讓教宗將教廷從羅馬遷到法國的亞維農（Avignon）。所以直到一三七八年，教宗都處於「俘虜」狀態。

從路易九世以來，法國國王就以「特別神聖的國王」身分，被視為上帝委託的人間統治者，並由親信的法界人士為此進行理論對抗，逐步強化王權。與此同時，首都巴黎也日漸發展，之後國王宮廷和巴黎一直同心協力，一點一滴建構法國文化——其中也包括飲食文化——的精華。

圖1-3　聖靈降臨。後方是15世紀的巴黎，左邊是巴黎聖母院

十三世紀的巴黎擁有二十萬人口，是西方首屈一指的大都市，它的人口數量是威尼斯的兩倍。巴黎大學和知名宗教建築（巴黎聖禮拜堂、巴黎聖母院等）確保了這份榮

耀。從十二世紀開始，以巴黎大學為中心的知識生活越來越興盛，經院哲學、神學和修辭學等學門都非常發達。巴黎大學也受到法國國王和教宗的特別庇護，托缽修士身處學問最尖端，為了追求學問，從歐洲各地聚集到巴黎。據說外國人很訝異巴黎所擁有的優美、舒適生活。

百年戰爭的危機

然而，和歐洲其他各國一樣，中世末期，也就是十四、十五世紀對法國來說也是個危機時代。法國在十三世紀迎來鼎盛時期，但在這個世紀末已經沒有新的開發地，農業生產停滯，要養活龐大的人口變成一件難事。而且從十四世紀初到十五世紀末期，歐洲迎來名為「小冰河期」的寒冷期，也對穀物收成造成極大影響，荒地和森林的範圍逐漸擴大。期間甚至遭逢好幾次鼠疫（黑死病），據信在一三四八年，有大約三分之一的人口喪命，一三六一～一三六三年、一四一八～一四一九年的鼠疫盛行期間，孩童尤其容易罹患這種瘟疫。而無法取得固定收入的傭兵隊，還會搶劫那些因疾病和人口過少而煩惱不已的農村。

由於生活困難，民眾遂起兵叛亂。巴黎事件和卡博希起義就是這種情況的代表。農民叛亂，就是一般所說的札克雷暴動，也在一三五八年威脅到北法一帶。農民面臨嚴重的貧困問題，而將怒氣指向國王的官員和領主。

此外，查理四世（Charles IV）在一三三八年去世，卡佩王朝王嗣斷絕。於是針對王位繼承權的問題，查理四世的堂兄腓力六世（Philippe VI）所開啟的法國瓦盧瓦王朝（Maison de Valois），與和法國王室有血緣關係的英格蘭王室展開對立，並引發戰爭。這就是「百年戰爭」的開始。百年戰爭從一三三七年起，斷斷續續持續到一四五三年。

在英法對立上，英格蘭擁有長弓軍隊，在戰略上處於有利局勢，屢次打贏在數量上具有優勢的法國。尤其是一三四六年的克雷西會戰（Battle of Crécy）和一三六五年的普瓦捷戰役（Battle of Poitiers），更是決定性的戰役。後者使得法國國王約翰二世（Jean II）成為俘虜。在一三六〇年簽訂了《布勒丁尼條約》（*Treaty of Brétigny*），這是要將法國大約三分之一的領地割給英格蘭的恥辱條約，約翰二世的贖金也被提高到相當驚人的價格。

約翰二世在贖金完全給付之前就去世。儘管其子查理五世（Charles V）擁有出色的戰略，也收復了相當多失地，但繼位的兒子查理六世（Charles VI）有精神問題，所以勃艮第公爵（Duc de Bourgogne，國王的叔叔）和奧爾良公爵（Duc d'Orléans，國王的弟弟）展開了競爭。接著法國陷入分裂，除了英格蘭，也與勃艮第公爵為敵，在戰爭中多次敗北。而且查理六世之子，也就是王太子查理遭母親否認其為查理六世之子，繼承王位的正統性受到質疑，法國陷入空前的危機。

聖女貞德的成長

堅信當時位於羅亞爾（Loire）南方占領陣地的王太子查理的正統性，接受上帝命令「拯救法蘭西」的少女「聖女貞德」突然出現。一四二九年，一萬多人的英格蘭軍隊襲擊了負責防守奧爾良（Orléans）、不到一千人的法國守備軍，當時貞德率領兩百名援兵緊急趕到，解決了這次危機，順利拯救了奧爾良。她在緊接著的「帕提戰役」（Battle of Patay，一四二九年六月十八日）落幕以後，主張王太子查理必須接受祝聖儀式（加冕儀式），該儀式在位於巴黎東北部的城鎮「蘭斯（Reims）」舉行。貞德成為救國少女。

騎馬帶領法國軍隊的貞德在故鄉的時候，過著和其他村莊女孩一樣的生活。她的故鄉是洛林地區一個名為棟雷米（Domrémy）的小村落。後來她遭到異端審判，被判處火

圖1-4　聖女貞德（15世紀末期的袖珍畫像）

刑，直到貞德死後才舉行了恢復名譽的審判。她出征前的英姿，被保留在審判紀錄中。

根據許多鄰人的證言，貞德的雙親皆為農民，值得一提的是，他們的家庭並不富裕。附近的農民、中年人，以及和貞德同世代的年輕人，大家都很喜愛貞德。人們如此評價貞德：「規矩有教養、坦率且性格溫和，尤其她會主動前往教會，對通知彌撒的鐘聲具有敏感的反應，是個虔誠的孩子。」貞德還會幫忙農務，在田地推犁、看守家畜，或是紡紗。

這些資訊都來自貞德死後進行的「復權審判」，但在「處刑審判」中，貞德自述了農村生活的樣貌，尤其是附近的仙女樹和旁邊的泉水。據說病人為了恢復健康，會舀取泉水飲用，等身體康復能站起來以後，就會去樹旁跳舞。聽說還有人在泉水處看到仙女。貞德說自己未曾飲用、舀取泉水，也未曾見過仙女，但據說她會和其他女孩一起去仙女樹遊玩，拿葉子製作裝飾，獻給棟雷米的聖母瑪利亞像。此外，據說她還曾在小樹枝上編織花冠。從這些敘述可以看出貞德身為樸素鄉村姑娘的樣貌。

鄉村姑娘的甜點

很遺憾，當時並沒有留下關於貞德飲食和料理的紀錄，我們就稍微想像一下吧。貞德能夠幫忙農務、紡紗、編織，俐落處理打掃、洗衣等「女性工作」，所以應該也會向母親學習料理、一起做菜。

說到農民的料理，從中世到近代，幾乎沒有任何變化。除了能勉強吃些醃漬物、燻肉、培根，只有雜糧麵包、穀類、豆類和起司等貧乏的餐點。而蔬菜則是作為「粥（bouilli）」的材料，亦即以砂鍋和鑄鐵鍋慢慢燉煮而成的雜燴湯。這和貴族的飲食大不相同。貴族會將滿滿的香料淋在包含獵物（打獵拿來食用的野生鳥類和野獸）在內的大量肉類上再食用。

儘管農民在正餐的飲食上無法奢侈浪費，但在祭典或紀念日的時候，一定會在家裡製作甜點。甜點大多是塔皮點心，也就是在派皮放上蘋果、梨子、葡萄、櫻桃、栗子、榲桲等材料，再進行烘烤。在鄉村，蘋果和櫻桃做成的塔皮點心就是一種媽媽味。

在吟唱故事《歐卡森與妮可蕾特》（*Aucassin et Nicolette*，從十二世紀末期到十三世紀初期）中曾出現過以下這段內容：

用這個買塔皮點心吧！
刀鞘之於小刀，
橫笛之於角笛，
放牧時的哨子，
神啊！守護少女吧！

此外，十五世紀出身自埃諾伯爵領的詩人，在其作品《約翰．埃諾伯爵故事》中，描繪了女性「夜晚集會」的情況。所謂的「夜晚集會」，是指在農村地方，鄰近女性會在某戶人家聚集夜談，一起進行紡紗等工作，是只有女性參與的活動。她們在那種場合的樂趣之一，就是在工作開始和結束的日子享用甜點。

女人和女孩工作的場所就在這裡。某位女性梳理羊毛，其他女性在紡紗。原以為只有一個人在編織，卻還有另一個人在梳理亞麻。做這種工作時，大家會一起唱歌。（……）在一週的第一天和最後一天，她們帶來奶油、起司、麵粉，以及雞蛋，以火烘烤加熱，製作可麗餅（Crêpe）、塔皮點心，以及其他甜點和費雷麵包。（……）大家一起享用，之後配合風笛聲音跳舞，然後朗讀故事。

看起來實在是很開心的女性聚會不是嗎？

三種祭典和甜點

在本章最後，再多介紹一點和基督教有關的甜點。之前已經提過，基督教教會曾經打算消滅所有異教的習慣，但是在認知到這件事無法成功後，便打算讓異教披上基督教外衣。因此異教的節慶，逐漸改變樣貌為基督教的節慶。節慶「甜點」是附屬品的觀念，似乎也由異教傳承下來。在此只討論三個節慶與該節慶所食用的甜點。

首先是「復活節」。復活節時，為了紀念耶穌復活而食用雞蛋（復活蛋），這是因為雞蛋是新生命的象徵。而甜點也是復活節不可或缺的角色，人們使用麵粉和雞蛋，烘烤出月牙形和人形的鬆餅（Pancake），再分發給小孩和傭人。這是古代將神聖食物獻給豐收之神留下來的影響。不過，要到十九世紀以後，才有將巧克力和砂糖製作的甜點送給小孩的習慣。

而從中世以來，就有在一月六日的主顯節食用「國王蛋糕*（Gâteau des Rois／Galette des rois）」的慣例。主顯節是紀念東方三博士探訪嬰兒耶穌的節日。在十四世紀初期，這種蛋糕就已成為傳統，在貴族的餐桌上占據了糖果（bonbon，意指一般糖果，或是內含利口酒或果汁以砂糖包覆的糖果）旁邊的位置。在這個甜點中，會放入一顆蠶豆或某個代替蠶豆的小物件。並規定被分配到的甜點中含有蠶豆或小物件的人，要成為「國王」或「女王」，主持聚會。甜點分切的數量會比總人數還要多一份，這是因為必須留下「上帝的份額」。

時代往後推移，一六四九年一月五日，路易十四（Louis XIV）的母親安妮皇后（Anne d'Autriche）在巴黎的皇家宮殿，「分切」了這個甜點，蠶豆則在分配給聖母瑪利亞的那份甜點當中。於是，安妮皇后代替不在場的聖母主持用餐活動。資料記載，她在用餐結束後，發布命令分配賑濟物資。但實際上，她馬上策畫了自己和兒子路易十四的逃亡計畫，因為當時巴黎發生了投石黨黨員動亂（參照P100）。

在居伊・德・莫泊桑（Guy de Maupassant，一八五〇～一八九三年）的小說《遺囑》中，也出現了這種甜點。在主顯節那天，任職於海軍部的官員卡舍蘭，招待同事勒薩白勒吃晚餐。這是他要將勒薩白勒介紹給女兒科拉的一場相親，在甜點部分則供應了主顯節的甜點。分切甜點後，勒薩白勒分配到瓷器作成的蠶豆。於是成為國王的他便任命科拉為「王妃」，兩人因為這個契機變得很親近。

另外還有一個節日是「聖燭節」，這節日是在二月二日讚揚瑪利亞，排隊點燃蠟燭。十六世紀之後，出現了在這天烤製可麗餅的習慣，到了十七世紀，似乎開始普及於社會大眾。除了製作可麗餅，人們還會在左手握著金幣，將右手拿的可麗餅往上丟，據說如果能接到可麗餅，那一年的財運就很好。

聖誕節的甜點

在此讀者可能會有一個疑問，那聖誕節蛋糕是怎麼樣的呢？當然，從中世開始，聖誕節就是重要的國定假日。然而，這個節日是哪一天？是十二月二十五日？一月一日？或是更接近冬至的十二月二十一日？長久以來一直很難將日期固定下來，總之這是和密特拉教等異教有密切關聯的祭典。本來是劃分秋末和冬初的日子，要以此作為分界中止農務活動，後來則是慶祝耶穌誕生和新年到來，似乎在每個地方都會進行各式各樣的慶祝活動。

聖誕節時，到處都有製作甜點、將甜點送給小孩和窮人的習慣。還有一個習俗，就是教子要將人型甜點贈送給受洗時為其取名的教父、教母。除此之外，另一種習慣是小孩要在聖誕夜到各戶鄰居家，吟唱祈禱繁榮的歌曲，獲得作為回禮的甜點。

十九世紀初期的南法普羅旺斯地區（Provence），有一個習俗是年輕人要到適齡女孩的家門前，為對方演奏樂器。女孩在回禮時，會竭盡全力製作最漂亮、最美味的甜點。這些甜點會被收集在大籃子中，在大家的笑聲和玩鬧中進行拍賣。為了表示自己的愛慕之意，對於自己喜愛之人所做的甜點——無論成品看起來多麼糟糕或是難吃——男性都要不斷抬高價格。雖然這樣的做法會讓那些對自己手藝很自豪的廚師被當成傻瓜。

在聖誕節，確認與家人之間羈絆的餐點和甜點也非常重要，不過開始食用如今在法國（以及日本）相當流行的聖誕樹幹蛋糕*（Bûche de Noël，木柴造型蛋糕），則是在比較近期的時候，也就是一八七〇年之後。據說這是由巴黎的糕點師傅研發出來的甜點。

第 2 章

掠奪的高手──法國

飲用巧克力的貴族男女。倒入巧克力壺（chocolatière），以棒子攪拌起泡後再飲用（17世紀）

法國對外開放的時代

一般會將十六世紀到一七八九年法國大革命為止的近世政治、社會制度稱為「舊制度（Ancien régime）」。這是指法國大革命之前的制度，同時也是國王擁有強大權力的君主專制時代。在這個時代所發生的事，未必全都是不好的，而且要說是因為革命導致所有事情都發生變化，也是言過其實了。在這個時代，形成了從中世開始作為民族國家的法國，並順利走向中央集權，這是首都巴黎越發展現文化都市樣貌的時代。

在本章和第3章將會提及的舊制度時期，也是法國文藝復興的時代。法國從義大利學習了許多事物後，終於開始建構獨特的文化。針對希臘文、拉丁文、希伯來文進行的原著研究非常盛行。此外，拉伯雷（François Rabelais）和蒙田（Michel Eyquem de Montaigne）等人的文學、思想作品也已經問世。在這個時代，喀爾文（Jean Calvin）也緊接在德國的馬丁路德（Martin Luther）之後，在瑞士展開新教運動，給法國帶來影響，並產生了教派對立。

在序章說明的法國「精髓」終於開始發揮作用，官民一體，同心協力推動「甜點」

文化。正如同序章所提到的，法國這個國家在其國土上培育出獨特的文化。另一方面，法國擁有其他國家無法看到的「開放性」，根據不同時代，有著時而開放、時而封閉的節奏。從古代到中世中期接受各個民族來到法國的時代，當然具有開放性，即便到了近代、現代以後，也陸續接納了許多移民，之前也曾提到過這種情況。

這種積極引進外部事物的時代之一就在十六、十七世紀。在此我們先來研究一下，和「飲食文化」「甜點」有著直接關係，順著「大航海時代」潮流被引進的海外物產，以及透過宮廷、貴族交際形成的文化灌輸。

甘蔗和十字軍

砂糖的主要原料是甘蔗和甜菜。甘蔗的原產地是馬來群島的新幾內亞島（New Guinea），之後傳到印度。到了西元一世紀，除了在印度，中國南部（廣東省）以及西方的敘利亞和巴勒斯坦，也逐漸開始種植甘蔗並發展精糖技術。

甘蔗會傳到歐洲是因為十字軍的關係。十字軍來到敘利亞和巴勒斯坦，建立了國家後在那裡定居、和當地人結婚並開始新生活。他們注意到當地種植的甘蔗，為了大量生產甘蔗而開始實施農場栽培（將原住民和黑人奴隸當作勞工使用，只大規模種植單一作物的農園）。這是比施行於新大陸更早的農場生產紀錄。另外，義大利南方的西西里島似乎也開始種植甘蔗。不過，在初期是屬於比較小規模的農場栽培，相較於需求，只能得到極少量的甜味劑。因此在十一世紀末到十二世紀初，砂糖一開始進入歐洲的時候，是被當成一種香料，是只有特權階級才能使用的東西。

大航海時代的砂糖栽培

從十五世紀末期開始，歐洲一直以來的主要目標都是透過伊斯蘭世界和亞洲直接進行交易，因此人們搭船前往遠洋，開拓新航路、發現新大陸。歐洲人敏銳地觀察到一件事，和種植菸草一樣，只要在這個新大陸種植甘蔗，就能獲得龐大的利益。

首先是在十六世紀初期，西班牙人著手在大西洋的亞速爾群島（Azores）種植甘蔗。不過相較於甘蔗，西班牙更是傾注心力去開發新大陸上能直接帶來財富的金銀礦山。所以，鄰國的葡萄牙開始在巴西種植甘蔗。

種植甘蔗這樣的工作，是在嚴苛的熱帶氣候環境，以及開墾叢林、耕作土地、培育、收割植物等惡劣條件下進行的。所以採取了從非洲集結黑人奴隸，命令他們勞動的農場栽培方式。之後砂糖成為權力的象徵，除了因為砂糖非常珍稀且昂貴，也因為砂糖是藉由奴隸勞動、歐洲帝國主義征服世界所生產出來的東西。於是法國也在大西洋的安地列斯群島（Antilles）進行殖民，將非洲奴隸帶到當地，讓他們種植甘蔗，開始進行農場栽培。英國、西班牙也瞄準大西洋的島嶼、半島，而且為了這些島嶼多次發生戰爭（參照P104）。

圖2-1　15世紀的砂糖商人

將十五世紀前半的法國和一三〇〇年代進行比較之後可知，砂糖的消費量增加了一倍。從那時開始，料理書上就增加了許多糖果和塔皮點心之類的食譜。

百年戰爭後的法國

法國確實因為英法百年戰爭的長期消耗，使得王權暫時陷入相當脆弱的狀態。

然而，在中世末期，反抗王權的有力諸侯力量也逐漸衰弱。他們以接受國王委任的形式，模仿國王的統治機構來治理自己的領地，從另一個方面提高了國王的權威。此外，法國人在百年戰爭中產生了國民意識，發揚民族主義也是件重要的事。這種制度、國民意識的動向，不久後便逐漸和君主專制連結在一起。

從十三世紀到十五世紀，行政機構開始擴大，法國各地以擁有bailliage和sénéchaussée這種國王代理人的管轄區域（法院）為中心，集合了法官、書記、警官等數十人，在中央政府則有幾百名官員身負官職。王室官員也開始進行分工，以大法院、審計法院等形式進行組織化，國王身邊的顧問官開始施展權勢。

此外，國王還會召開三級會議，除了第一級的神職人員和第二級的貴族代表，還聚集第三級的都市市民和大學代表。第一次召開三級會議是在一三〇二年（參照P55），不是為了戰爭以及向官吏要求徵收新稅（御用金、照戶數徵收的人頭稅）之際而召開。不過原本召開會議的是傳達國王意志的諮詢機關，而非代表各個階級的議員以進行討論的議會。一六一四年的三級會議最後並未舉行，而是直接迎來君主專制的時代。

戰爭帶來的義大利文化

百年戰爭結束後，已經劃定國境的法國翻新農村的田地，生產量再次逐漸增加。由於西班牙非常仰賴法國的小麥、亞麻布、家具等資源，所以法國國內的物價慢慢上升。儘管農民幾乎沒有什麼賺頭，但土地所有者因為大量收取以實物繳納的年貢，再將這些東西高價賣出，所以能夠賺錢。然而，貴族除了賺錢，也有極大的開支，其慾望更在不斷膨脹。

法國的發展逐漸步上軌道，在路易十一（Louis XI，一四六一～一四八三年在位）的治理下，國家的組織和制度也慢慢地強化了起來。此外，請大家先記住一件事，從十五世紀末到十六世紀前半，法國的外交範圍多半是因為義大利戰爭而規範下來的。尤其從一五二一年開始，嚴酷的戰爭長期持續。因為瓦盧瓦家族主張繼承祖先擁有的義大利拿坡里王國和米蘭公國的權利，和統治神聖羅馬帝國、西班牙王國的哈布斯堡家族（Habsburg）展開戰爭。這場戰事持續了六十年，法國四次拿下拿坡里王國後又再度失去，六次征服米蘭公國也同樣失去。最後法國只好放棄對義大利的所有野心。

但是，如果要說義大利戰爭沒有為法國帶來任何東西，也並非如此。藉由這場義大利戰爭，法國得以瞭解義大利都市的輝煌文化，將義大利文藝復興的精華帶回法國。

參加義大利戰爭的人們，對於他們在阿爾卑斯山另一頭所看到、聽到出乎意料的輝煌都市樣貌而驚訝不已。回到法國後，他們也希望將這種美麗藝術帶回去自己的國家，像是陳列大理石圓柱、雕像的巨大宮殿，以及配置噴泉和古代雕像的藝術設計庭園。於是，他們遠從義大利招聘藝術家，不過面對那些離不開哥德式藝術的莊嚴穩重、手藝欠佳且不打算聽取他人意見的法國師傅，據說義大利藝術家很難按照自己的心意完成工作。雖然這個過程很緩慢，但法國也因為義大利的影響，逐步發展出新的藝術。

法蘭索瓦一世（François I，一五一五～一五四七年在位）將李奧納多·達文西帶入宮廷，而在羅亞爾河（Loire）沿岸的布盧瓦（Blois）、香波爾（Chambord）和舍農索（Chenonceaux）的美麗城堡，也是義大利建築家在這個時期所建造的。法蘭索瓦一世在建造楓丹白露宮時，從義大利招聘羅索·菲奧倫蒂諾（Rosso Fiorentino）以及弗蘭西斯科·普列馬提喬（Francesco Primaticcio）等人，法國不只是在建築上，就連雕刻、繪畫和裝飾等方面都受到義大利風格的影響，於是就此開始了文藝復興。

法蘭索瓦一世正是第一個理解藝術光輝是國家光榮和權力要素的國王。這種觀念影響了後來的國王採取美食外交此一策略。另外，他也理解殖民地的重要性，於是編列高額預算讓人民遠征。布列塔尼人雅克・卡蒂亞（Jacques Cartier）就是在一五三四年發現了加拿大。

瓦盧瓦王朝的婚姻關係

吸收外國文化的路徑，不只是透過戰時的接觸以及招聘外國藝術家。中世以來，歐洲各國宮廷之間一直保持著聯繫，這種傳統也發揮了重要的作用。在中世時期，各國跨越國境締結了封建主從關係，而且作為一種外交政策，各國王朝經常和有競爭關係的王朝締結姻親關係。即便進入近世之後也繼續實行這種政策。

雖然和外國建構環環相扣的姻親關係，原本是企望避免和敵對國家發生戰爭，但反而使得繼承問題變成國際問題，成為引發戰爭的原因，這也是無法否認的事實。總之，透過這種國際婚姻，外國文化頻繁傳入法國王室。

這種婚姻的代表之一，就是後來的亨利二世（Henri II de France，一五四七～一五五九年在位）在一五三三年和義大利的凱薩琳・德・麥地奇（Catherine de Médici，一五一九～一五八九年）的婚姻。凱薩琳出身麥地奇家族，該商人家族是在十五世紀～十八世紀，以佛羅倫斯為中心而興起，勢力非常強大。他們藉由銀行業發財致富，以資助者身分庇護許多人，不久後便掌握政治實權，擁有極大的權勢。十六世紀時，家族的當家主人不僅控制了佛羅倫斯，還成為托斯卡尼大公國的君主。

凱薩琳之父是麥地奇家族的烏比諾公爵羅倫佐・德・麥地奇（Lorenzo de' Medici）。她和法國國王法蘭索瓦一世次子亨利的婚姻，是由當時的麥地奇當家主人，也就是樞機主教儒略（Giulio，後來的教宗克勉七世）竭力撮合的。對麥地奇家族而言，和王室的姻親關係會讓他們獲得更大的權威，但對法國王室來說，和在教廷中有勢力且又是義大利最有力的家族結合，在政策和財政上都能獲得好處。

凱薩琳・德・麥地奇和義大利甜點

從中世末期到文藝復興時期，義大利廚師特別努力鑽研甜點，帶來更加快速地發展。像是水果派、果醬、蜜餞、牛軋糖（放入堅果和蜜餞的軟糖點心）等甜點也出現在此時。

凱薩琳・德・麥地奇嫁到法國時，有許多義大利人陪她一起來到法國。雖然凱薩琳只是個十四歲的少女，卻是一位厲害的美食家，似乎還是個大胃王。因此她帶來的隨從中，也有大批的廚師。為了在法國重現故鄉義大利的菜色，她還會一直央求廚師。陪同人員中也有許多製作蛋糕和糖果的優秀師傅。

早在很久之前，義大利的糖果製造就十分發達。他們的砂糖工藝主要表現在「翻糖裝飾（pastillage）」的技巧上。這個方法是將加入澱粉的細砂糖，和從豆科植物中擷取的黃芪膠溶於水中攪拌成糊狀，再進行手工定型。這種糖果傳入法國後，在當地變得更為大型，成為第4章將要介紹的甜點裝置藝術（Pièce Montée）。凱薩琳嫁入法國時，據說也將馬卡龍*（Macaron）、杏仁塔（frangipane）等花色小蛋糕（petit four，參照P173）之類的甜點傳入法國。馬卡龍是以蛋白、砂糖、杏仁粉做成。杏仁塔則是將牛奶、砂糖、麵粉、雞蛋和奶油加熱後做成奶油糊，有時也會加入磨碎的馬卡龍或杏仁粉，還可以加入幾滴苦杏仁精。

圖2-2　凱薩琳・德・麥地奇

另外，海綿蛋糕也極有可能是從義大利傳入。為教宗和樞機主教服務，活躍於十六世紀中期的廚師巴托洛梅歐・斯卡皮（Bartolomeo Scappi），在其著作《Opera》中介紹了沙巴翁（Zabaione）這個點心。沙巴翁是加入洋酒的清淡卡士達醬製成，在這個食譜中，他還介紹了將蛋白泡沫和雞蛋、砂糖一起打發起泡的過程。

海綿蛋糕（海綿麵糊）就是將雞蛋打到起泡，加入麵粉、砂糖等食材輕輕攪拌後，倒入烤模以烤爐烘烤。其偉大之處，就是想出將整顆雞蛋和砂糖一起打發起泡這個簡單的點子，這成為日後製作海綿蛋糕的基礎。一般認為，這個做法一開始是先傳入德國，不久後再傳入法國。

冰淇淋的到來

隨著凱薩琳・德・麥地奇從義大利傳入法國的，還有一個非常重要的甜點——冰點心*「冰淇淋（Ice Cream）」。雖說名字是冰淇淋，但其中並沒有鮮奶油（cream），而是雪酪（sherbet）。

從羅馬時代開始就有食用冰鎮食物的習慣，然而冰點心消費的普及，必須等到很久之後，文藝復興運動到來之時。冰淇淋（或稱義式冰淇淋「gelato」）可能是在十六世紀初期於義大利開始製作，受到部分宮廷人士的喜愛，之後慢慢在威尼斯、羅馬以及佛羅倫斯普及開來。

據說冰淇淋後來隨著凱薩琳一起傳入法國。在凱薩琳於一五三三年舉行的婚禮上，狹窄的桌子上陳列了滿滿的雪酪，這些雪酪使用了從挪威峽灣帶來的冰，加入黑莓、柳橙、檸檬、無花果、葡萄乾、杏仁、開心果等食材，據說出席的貴族都大吃一驚。此外，據說路易十三（Louis XIII）的妹妹亨麗埃塔・瑪麗亞（Henrietta Maria）在一六二五年和英國國王查理一世（Charles I）結婚之後，這個冰冷的點心也從法國傳入了英國。我們可以做出如下的推論：「冰淇淋隨著貴婦的腳步一起發展前進」。

不過要再重複一次，在十七世紀之前，雪酪（法文為「sorbet」）似乎是比冰淇淋更為主流的甜點（現在的義式冰淇淋與其說是冰淇淋，不如說是雪酪）。在波旁王朝（Maison de Bourbon）太陽王路易十四（一六四三～一七一五年在位）時期讓廚師專門製作冰淇淋之後，上流階級才開始在日常生活中享用真正的冰淇淋。此時的冰淇淋是在鮮奶油中加入砂糖和香料攪拌，再使其冷卻。在下一章將要介紹到的波旁王朝時期，在凡爾賽宮的華麗室內裝飾下，希望能不輸給這種裝飾的美食熱情中，作為正餐附加菜餚的冰淇淋，也樹立起不可動搖的地位。

順帶一提，凱薩琳．德．麥地奇也傳授給法國貴族料理之外的用餐禮儀。舉例來說，她勸誘用手抓肉食用的法國「野蠻人」使用叉子。或許大家會覺得很意外，但在這個時代，即使法國貴族也還沒開始使用叉子。同時，凱薩琳也將香水和遮陽傘帶入法國，對當地時尚的提升和精進也相當有貢獻。然而，在不久後法國就忘記義大利的恩情，不論是在美食還是時尚方面都開始宣稱自己才是引領世界的國家。

祕密的巧克力

另外還有一個因為王室婚姻被帶到法國的甜點——巧克力*（Chocolate）。不過這次不是從義大利傳入，而是從西班牙。

巧克力的原料是可可豆，未加工的可可豆被稱為「可可（Cacao）」，長出可可豆的樹木則是「可可樹」。經過發酵、乾燥等其他加工處理過的成品就變成可可豆。將這些豆子磨成粉溶解在熱水中，就是飲料可可亞。此外，將可可豆磨碎做成可可塊，再將其壓榨分離，從中取出的可可豆油脂就是可可脂；將黏稠的可可塊和砂糖、牛奶（奶粉）一起攪拌，放入模型使其凝固就會變成巧克力。不過這頂多是指日文語境的說法，舉例而言，在法文中，可可亞和巧克力都叫做「Chocolat」。

可可亞或巧克力的起源是何處呢？古代墨西哥人從西元前二〇〇〇年左右就已開始培育可可豆，並將其視為祭神儀式的飲料。而歐洲人知道可可亞的存在，據說是在哥倫布第四次航海的一五〇二年。哥倫布的隊伍在這一年登陸尼加拉瓜，而得知原住民會製作可可亞飲料，但他對此沒有太大興趣。

讓全世界都知道可可亞的有功之人，是一五一九年征服墨西哥阿茲特克帝國的征服者埃爾南・科爾特斯（Hernán Cortés）。他同時也目睹了原住民飲用可可豆製成的飲料。這些原住民將烘焙過的可可豆放在石板上，以石棍敲打磨碎到黏糊糊的程度，再將糊狀物溶解在水中飲用。

阿茲特克人還會在這種飲料中加入辣椒，做成辣度極為強烈的飲料。因為這種刺激性飲品會灼傷舌頭，似乎更強化了他們對羽蛇神的崇拜。做成甜的口味則是極度例外的情況。科爾特斯對著端到面前的可可亞發出哀嚎，而本國的西班牙人面對這個辣度也是叫苦連天。

不過，西班牙人想到了一個點子，就是試著在可可亞中加入同一時期大量傳入的砂糖。結果可可亞好喝到讓西班牙人嚇一跳，據說砂糖中和了苦味和辣味，更襯托出了香氣。西班牙王室長期珍藏這個將巧克力變美味的祕訣，但不久後就在一六〇六年從西班牙傳到義大利，之後馬上普及到其他各國。

傳到法國的契機依然是宮廷之間的聯姻。一六一五年，西班牙阿斯托里亞地區（Astoria）的安娜公主（又稱「奧地利的安妮（Anne d'Autriche）」）嫁給波旁王朝的路易十三之後，推廣了這個西班牙的優雅習慣，結果飲用可可亞的習慣就從法國王室普及到法國貴族之間。路易十三之子就是曾在冰淇淋章節中介紹過的太陽王路易十四，而他的王妃也是西班牙公主——瑪麗・特蕾莎（Marie Thérèse）。她在一六六〇年出嫁時，就有擅於製作巧克力的侍女陪同她前往法國。聽說太陽王很討厭巧克力，但皇后本人非常喜歡，所以她只能躲起來飲用。於是巧克力忽然在法國上流社會開始流行起來，在一六七〇～一六八〇年之間，法國人開始在馬丁尼克島（Martinique）種植可可樹。甚至還在一七六〇年設立了皇家巧克力工廠。人們對巧克力的評價是對健康有益、能夠強健精神，但另一方面也有人提出批評。

巧克力甜點的普及

雖說是巧克力，但在當時一直都是以「飲料」形式存在，現代這種固體巧克力的出現，一般認為是在一六五九年的英國。在此，隨著時代的變遷，以下將介紹一下固態的巧克力甜點。

能證明巧克力一開始是作為甜點材料的證據，就在曼農（Menon）於一七四六年出版的《資產階級家庭的女廚師》（*La Cuisinière Bourgeoise*）一書中。曼農是在凡爾賽宮服務的廚師，因為打算向巴黎資產階級家庭的主婦傳授自己的技術，所以寫了這本書。他根據各個食材寫下詳細指示，像是「哪一種材料要如何烹調比較好？」「資產階級者要維持健康，哪一種料理比較適合？」之類的說明。

在曼農書裡有關甜點的章節中，除了各種塔皮點心、派類等食物，還特別介紹各式各樣的糖煮水果（compote）、柑橘醬、果醬、糖果和餅乾，由此可知他是多麼致力於製作甜點。在這些食譜中還出現「加入咖啡和巧克力的蜜餞」以及「加入巧克力的餅乾」等配方。

在拿破崙第一帝國後期，法國在馬丁尼克島種植有可可豆，所以使得可可豆的流通不虞匱乏，巧克力消費量也隨之增加，製作巧克力甜點的機會也越來越多。據說外層以糊狀巧克力裹住的糖果，就是瑪麗・安東妮（Marie Antoinette）最喜歡的食物，而且法國宮廷人士會隨身攜帶以麝香增加香氣的巧克力糖果，將此當作一個優雅的習慣。

美食評論家布里亞・薩瓦蘭（Brillat-Savarin，參照P186）在《味覺生理學》（*Physiologie du goût*，一八二六年）一書中，有相當多篇幅都在寫作為飲料享用的巧克力，提倡巧克力對健康的效用，並教導美味的作法。此外，書中也告訴大家，在法國，不只把巧克力當作日常飲料，還會以各種形式來品嘗，例如介紹了將巧克力加在鮮奶油當中、做成冰淇淋、板狀巧克力，或是放在甜點中再食用的情況。

此外，在稍早之前，也就是一七七八年，據說法國大革命時期的貴族，以描寫狂亂性慾小說聞名的小說家薩德侯爵（Marquis de Sade）就從巴士底監獄寫信給妻子，要對方為自己訂購巧克力蛋糕，並忘我地列出各項規格。

而喜歡甜點的作家馬塞爾・普魯斯特（Marcel Proust，一八七一～一九二二年），也在其代表作《追憶逝水年華》（一九一三～一九二七年）中提及了巧克力。這是在某個茶會，小說敘述者深愛的吉爾貝特為他切巧克力蛋糕的場景。書中如此描述：

「吉爾貝特從『帶有威嚴、溫和和親切感，模仿建築物結構的甜點』或『宛如尼微微（Nineveh，古代小亞細亞王國）般的甜點』中的『倒塌建築物取出一堵城牆給我，這具有東方風味的城牆點綴著鮮紅果實、閃耀光澤色彩。』」（《追憶逝水年華2 第二篇 在少女花影下I》）

在普魯斯特的描述中，同時存在著異國情趣、渴望、「體驗」破壞征服之物的喜悅，以及戰鬥和性慾遊戲的策略。這或許符合所有甜點帶給人們的感受，但這與甘甜黝黑的「巧克力蛋糕」卻令人感到格外契合。

宗教戰爭的時代

話題已經超前許多時代，現在先回到凱薩琳．德．麥地奇出嫁之後的十六世紀後半、瓦盧瓦王朝亨利二世的時代。此時，因為宗教改革而產生的新教（胡格諾派）和天主教勢力作對、互相競爭，長期持續著悲慘的「宗教戰爭」，使得法國面臨著非常嚴峻的局勢。

從德國神學家馬丁路德在威登堡（Wittenberg）發布彈劾腐敗天主教教會的

《九十五條論綱》後，這種新思想（新教教義）就立刻進入法國。不過，喀爾文在日內瓦開始的基督新教，給法國帶來更大的影響。喀爾文雖然站在路德的福音主義立場這邊，但更加規定信徒的生活，將此視為神聖之事且極為重視，而且採信了上帝會預先決定得救者和滅亡者的預選說。對他來說，比起教會和司鐸，信徒和上帝直接、個人的接觸才最重要。這個喀爾文主義在亨利二世統治下的法國，拉攏了多數布道者，並吸引了貴族和資產階級。新教人數自一五二〇年左右開始增加，到一五六二年甚至已經占據人口的百分之十。

法國於是被天主教和新教信仰一分為二，在亨利二世和凱薩琳所生的三個孩子——法蘭索瓦二世（François II）、查理九世（Charles IX）、和亨利三世（Henri III）統治期間（一五五九～一五八九年），宗教戰爭持續進行著，並威脅到國家的統一。

由於不同陣營打算各自取得外國勢力的幫助，所以讓情況更為惡化。舉例來說，新教陣營甚至和英格蘭女王伊莉莎白（Elizabeth）做出以下約定：「如果得到幫助，就歸還百年戰爭之後的爭議地區，即法國吉斯公爵（Duc de Guise）在一五五八年從英格蘭奪取的加萊地區（Calais）」。而在天主教掌握政治實權的勃艮第地區和朗格多克地區（Languedoc），吉斯家族和蒙莫朗西家族（Monmorency）則各自強力推動反新教政策。一五七二年，為了謀求兩派和解，查理九世的妹妹瑪格麗特（Marguerite，天主教）和之後開啟法國波旁王朝的亨利四世（Henri IV，原納瓦爾國王，胡格諾派）舉行結婚典禮，但天主教的吉斯公爵卻在結婚當天襲擊前來婚禮的胡格諾派貴族。於是騷動開始蔓延，演變成數日後數萬名胡格諾派慘遭殺害的局面（聖巴多羅謬大屠殺）。

之後還發生了各種混亂情況，不過吉斯公爵在一五八八年被亨利三世下令暗殺後，索邦神學院就在一五八九年的集會上，決議解放暴君（亨利三世）統治下的法國臣民，認為最好以武力抵抗王權，以守護宗教。六個月之後，修道士雅克·克萊門特（Jacques Clément）真的前去暗殺國王，於是瓦盧瓦家族的統治中斷，進入波旁家族的時代。

納瓦爾國王亨利成為法國國王，人稱「亨利四世」。但亨利四世之前信仰新教，所以天主教聯盟的激進派無法接受。於是亨利四世在一五九三年再度征討法國，並規定在巴黎特別擁有強大力量的天主教必須改宗。亨利繼任王位後，在一五九八年發布南特敕令，承認胡格諾派也擁有和天主教大致相同的權利，終結宗教戰爭，之後得到大臣敘利（Sully）的幫助，致力於王國的安定。

一六一〇年，亨利四世被狂熱天主教教徒拉瓦萊克（François Ravaillac）暗殺，但給其子路易十三留下已經強化過的王國。雖然經歷非常多的困難、辛苦和犧牲，但君主專制時代終於到來。儘管政府已經承認了新教的信仰自由，但法國還是持續暗中壓迫胡格諾派，在政治和社會上，大部分仍以天主教原理來發展。

天主教和美食

就這樣，法國再度成為「天主教王國」，並湧現出對美食的興趣。一般來說，位於大陸上的天主教國家，會將對美食的喜愛和迷戀心情視為基督教文明的良好禮儀、優雅嗜好而寬容看待。這和新教國家德國或英國無關，而是與信仰天主教的法國、西班牙、義大利等國對「美食」的追求有關。

在英格蘭等新教國家，一般認為料理、食物只是充飢止餓的東西，挑起新的食慾並非是一件好事。而且和在市場以昂貴金額購買食物相比，在自家菜園摘採食材來解決吃飯問題是更好的作法，並推薦對健康有益、樸實的食物。他們的料理書中也極力讚揚簡單和節約。新教各國除了反抗法國和義大利將料理當作社交和優質生活的一部分，甚至也反對將料理當成藝術領域之一。

但是，對天主教各國來說，美食與誠實、禮節完全不衝突。這和暴食、貪吃、醉漢是完全不同的。藉由吃喝能單純感受到愉悅，為什麼是不好的事情？當然，必須要知道節制，而且不能把追求美食當成唯一的目的。

教會認為，過度奢侈、講究的食物，並不能帶來更多的愉悅，但這也會根據社會身分、年齡、性別有所不同。而且天主教教會相當重視社交和禮儀，一般也認為餐桌是非常適合進行這種教育的場合。正餐之間的偷吃、祕密攝取食物以及暴食等情況反而會受人咒罵。換句話說，天主教教會打算在飲食和餐桌上，將社會上的菁英分子培育成行為符合文明，且言行彬彬有禮、社交行為謙恭的人類。

圖2-3　天主教菁英分子的奔放餐桌

圖2-4　新教菁英分子的嚴肅餐桌

第 3 章

君主專制的華麗甜點

在舞會派對提供甜點

君主專制與司法

一般認為，十七世紀的法國是一個偉大的時代。有黎胥留（Richelieu）、馬薩林（Jules Mazarin）和柯爾貝爾（Jean-Baptiste Colbert）這些名留青史的能幹政治家（財務長官、宰相）輔佐路易十三、路易十四，簡直就是法國王權的高峰期。此一時期除了可以看到專制王權理論的普及，在地方上則有抑制領主權的王官作為重要支柱。此外也在全國各地確立常態性的地方長官制度，負責司法、財政、維持治安等工作。

正義，換言之也就是司法才能在國家統一上發揮強大力量。法國在每個地區有各自的法律，但傾向以巴黎的習慣法作為全國的共通法律。支持國王的官僚也進行革新，囤積財富的資產階級以財產購買官職，世襲的穿袍貴族*還組成了高等法院。

「高等法院」是大革命前法國的最高司法機關，除了巴黎，在土魯斯（Toulouse）、波爾多（Bordeaux）、第戎（Dijon）、艾克斯—普羅旺斯、盧昂（Rouen）以及雷恩（Rennes）等十二個都市都有地方高等法院，各自作為最高法院發揮作用，原則上無法進行上訴。而相當於初審法院的，則是bailliage或sénéchaussée（參照P72）。國王命令（敕令）未在高等法院註冊就不會生效，但高等法院也有拒絕註冊的權力，以及向國王提出意見的權力（建議權）。不過，國王設立了「國王行法會（lit de justice，指國王親自前往法院開庭註冊自己的法令）」之後，便開始進行強制註冊。因地方高等法院自居能夠代表地方民意，所以評定官經常與擴張的王權勢力發生衝突。因此高等法院有幫助君主專制的一面，也有對抗君主專制的一面，法國大革命爆發的契機，也是源於高等法院反對一連串君主政治的改革。

不論是面對資產階級出身的穿袍貴族（官職貴族），還是中世以來的封建貴族，國王都扮演獨立超然的「調停者」角色，但仍可說握有絕對權力。國王答應商人資產階級的請求，推行重商主義（以取得貴金屬為目的的重金主義，和接著登場以保護工商業為目的的貿易差額主義）後，金錢不斷湧進，物價也高漲了起來。資產階級建造家園、購買家具、注重儀容、生活奢侈，甚至成為穿袍貴族的情況，讓封建貴族大吃了一驚。

＊註：指用金錢購得頭銜的貴族。

巴黎的發展和凡爾賽宮

儘管王權被高等法院牽制，但君主專制的內在還是逐漸充實起來。與此同時，首都巴黎的威嚴化也進展得更加順利。

透過雅克・勒梅西爾（Jacques Lemercier，一五八二～一六五四年）和法蘭索瓦・芒薩爾（François Mansart，一五八九～一六六六年）兩人之手，巴黎的建築煥然一新，整建出符合帝國首都的威嚴。這些建築是遵從理性、合理且整齊的建築群。托芒薩爾之福，法國建築終於擺脫了義大利的影響，確立了古典主義風格。宮殿、城堡和大規模的幾何學庭園融為一體建造而成。皮內公爵法蘭索瓦（François Henri de Montmorency, Duke of Piney，又稱「盧森堡公爵」）的宅邸盧森堡宮是由薩洛蒙・德・布魯斯（Salomon de Brosse，一五七一～一六二六年）設計，之後則是為了路易十三的母親瑪麗・德・麥地奇（Marie de Médicis）而改建。除此之外，他還建造了許多公共建築和宮殿，意圖向周邊展示國王的榮耀。

歐洲在這個時代流行「巴洛克」藝術風格。相對於文藝復興風格的協調、勻稱和完整性，這種風格的特徵是充滿跳躍感和對比的激情表現，主要普及於義大利、西班牙和德國。不過，法國沒有巴洛克風格，即使有也只是古典主義的巴洛克風格。換句話說，法國擁有的是復興希臘、羅馬的高格調形式之美這種傾向（古典主義），帶有雄壯、豪華之感，同時又能感受到秩序。和其他地區扭曲、波動的巴洛克風格相比，韻味大不相同。

圖3-1　興建初期的凡爾賽宮

最大的成果就是路易十四傾注熱情打造的凡爾賽宮。凡爾賽宅邸原來是路易十三為了打獵休息而建造的下榻處，路易十四在此加上了豪華的裝飾，同時又增加左右兩翼，以便容納王室和宮廷所有人。而且以廣大庭園包圍建築物整體，做得像是個城鎮一樣。凡爾賽宮整體建築是由芒薩爾設計，庭園則由安德烈．勒．諾特爾（André Le Nôtre，一六一三～一七〇〇年）聚集眾多師傅挖掘水渠建造。他要建造的並非封閉式庭園，而是要打建能眺望到遠方的開放庭園。這個方案必須設計成許多對稱的水平線匯集於無限延伸的中心軸線上，將視線引導到遠方，以重複各個要素來延伸出無限的空間。

在這之後，法國的文藝已不再像是義大利文藝復興時期那樣要由國王來庇護，開始出現「藝術家是為了國王的榮耀工作，文化的存在是為了綻放、彰顯國王的威勢」此一說法。

法國人不是美食家？

接下來要介紹的則是君主專制時期的法國料理。從現代觀點稍微思考一下。法國人一直深信一件事——在自己土地上生產的食材，以及使用這些食材作成的料理是世界第一。世界各國的人們也一直認為法國料理才是最棒的料理，即使到了現在，這種崇拜者也非常多，到底原因為何呢？

法國人的日常飲食，並非特別美味，也不很講究，只要吃過他們在咖啡館常吃的難吃冷凍燉菜，以及非常簡單的牛排、菠菜和豆類做成的糟糕水煮食物，就能發現這種情況。此外，「法國人的飲食知識很豐富」，或是「擁有敏銳味覺」這種說法完全是一派胡言，這些都能從最近的問卷中得到證實。在豐富的大自然、地方料理的傳統這一方面，其實法國一點也不特別吧。

如果要說法國擁有優秀且突出的傳統料理技術，就不能不提到法國人如何看待從他國獲得的恩惠。他們擺出若無其事的態度，忘了曾經從善良義大利獲得的各種恩惠。如果以精細講究的料理作為美食判斷的基準，日本更有資格報名參選美食王國。

然而，我們經常會聽到「法國料理最棒」這種說法，但說得極端一點，應該是全世界一直受到「法國美食神話」的誆騙。

作為國家戰略的法國料理

不過，我們還是得承認，這個巨大騙局果然是個偉大事業。在這個君主專制時代，國家把它當作治理、外交的手段。所謂的法國料理是從國王和宮廷追求豪華料理開始，加上大臣的群起仿效，成為對飲食生活更加美麗、豐富的追求。這是包含餐桌藝術、美麗擺盤和禮法在內的綜合藝術。一邊收集地方的食材和地方料理的優點，在都會區（尤其是巴黎）完成講究、中央集權、統合為一的「法國料理」，在路易十四統治下的凡爾賽變成了更具有特色的高級料理，不久後，隨著法國勢力的擴張，也一起被推廣到外國。之後，君主政治崩解，不論是共和政府還是帝國政府，直到今日，法國料理仍被當作法國的國家象徵，由當時的掌權者作為外交王牌，極力向外宣傳。

有趣的是，在這個君主專制的時代，過去拚命從其他國家進行掠奪的法國，這次成為整個歐洲模仿、憧憬的對象。這樣的情況不只是在飲食文化上，在德國的波茨坦（Potsdam）、義大利的卡塞塔（Caserta）以及奧地利的維也納等歐洲地區，也模仿了先前介紹的凡爾賽宮，建造出仿法式庭園的建築。而且把法國視為最佳模範的古典主義藝術開花結果之後，其他國家便紛紛仿效了起來。

法國舊制度時期的國王，尤其是瓦盧瓦王朝的法蘭索瓦一世和亨利二世，體悟到把食物和時尚當作統治工具，具有強大的政治影響力，便把握機會舉行豪華宴會，以極為明顯的方式向治下的貴族展示其權力。而在波旁王朝路易十四統治的時期，為了襯托食材的味道而使用簡單香料的情況日漸普及，人們也開始關注食物的顏色和形狀、擺盤、器具和餐桌藝術等元素，運用五感來享受料理。

那麼，路易十四的餐桌又是什麼樣的情況呢？似乎還是突顯了國王的暴食。餐桌上有著四人份的湯品、一隻完整的雉雞，還有一隻山鶉、分量龐大的沙拉、兩塊火腿肉、淋上大蒜醬汁的羊肉塊，以及一盤甜點、水果和水煮蛋……國王的食慾沒有盡頭。作為世界帝王的路易十四也統治了餐桌上的食物，吃的東西必須比任何人都還要多。這點和卡洛林王朝的卡爾大帝一樣，絲毫沒有什麼不同。儘管如此，食物的調味開始趨向簡單化，也刻下了邁向近代料理的第一個痕跡，也是在這個時代，人們開始食用以前沒有的甜點。然而，從接下來的路易十五（Louis XV）時代開始（參照P118），更加講究的細緻食物便大量登場。

路易十四的專制王權

人稱「太陽王」的路易十四是怎麼樣的人呢？在其父王過世的一六四三年，路易十四才四歲半，母親安妮皇后（參照P82）和馬薩林樞機主教共同攝政。直到一六六一年為止，政局上的實權都由馬薩林所掌握。他延續了路易十三時期的宰相黎胥留所開啟的三十年戰爭（一六一八～一六四八年）。

三十年戰爭是歐洲各國分為天主教和新教陣營展開競爭的戰爭，在這個戰爭的末期，法國雖然身為天主教國家，但因為重視國家利益，與信仰新教的瑞典相互呼應後加入戰爭。然而，這個戰爭造成法國的財政惡化，迫使政府必須增稅並引發經濟危機，引發民眾、對君主專制不滿的高等法院，和貴族的叛亂。其中一個事件就是投石黨動亂（一六四八～一六五三年）。三十年戰爭結束後，根據《西發里亞和約》（*Peace of Westphalia*）的內容，法國獲得幾乎整個阿爾薩斯（Alsace）區域和一部分洛林地區。但又和西班牙持續爭鬥到一六五九年。根據《庇里牛斯條約》（*Treaty of the Pyrenees*），法國又獲得一些領土，路易十四也因為此一條約而和西班牙公主奧地利（喜歡巧克力）的瑪麗·特蕾莎結婚（參照P82）。

馬薩林在一六六一年去世後，路易十四宣告親政，並且不設置宰相職位。他嚴格要求祕書官等人服從自己，並下令表示，如果沒有國王在場就不能決定任何事。為了讓他們確實服從自己，路易十四甚至從資產階級當中選擇大臣。柯爾貝爾和勒·泰利埃（**François-Michel le Tellier**）就是這一類的代表。政府的重要決策是在除了國王之外，只有三到五名大臣參加的最高顧問會議上決定。此外，高等法院能決定是否註冊國王的命令（參照P93），但路易十四在一六七三年命令各個法院不評論

圖3-2　路易14

國王命令、不投票直接進行註冊，地方的三級會議就此消失。他和柯爾貝爾一起改革司法，透過編修一連串的敕令、法令，使其能應用於整個王國，最後成為適用於整個法國領土的法令集。

地方代理人則成為前所未見、忠誠的「國王之聲」，使得法國各地都服從於中央。過去也是地方統治者的高級貴族早就被禁止擁有自己的軍隊，而且必須在宮廷中生活。無法再將自己的心腹與支持者窩藏在領地，這對以施予他們恩惠並藉此鞏固權力基礎的貴族來說，是個相當嚴重的打擊。此外，國王無法信賴世襲官僚，將他們的職位委託給能以國王權力巡行免職的委員。這促使官員越來越服從國王，而貴族手中的政治權力則被剝奪殆盡。貴族被豢養在凡爾賽，只關心是否受到國王的認可，為了引人注目、吸引國王的注意，便脫離常軌大肆揮霍，或是為了維持奢侈的生活，向國王請求養老金。

外交和與財政

路易十四曾經對軍隊進行現代化的訓練，所以在其統治時期的前半段獲得耀眼的成就。在打算侵略荷蘭而開啟的遺產戰爭（Guerre de Dévolution，又名「遺產繼承戰爭」，一六六七～一六六八年）和荷蘭戰爭（Dutch War，一六七二～一六七八年）中取得勝利後，法國得到法蘭德斯（Flandre）的一部分和法蘭琪－康堤（Franche-Comté），幾乎就此劃定現在的法國疆域範圍。此外，路易十四沒有發動戰爭，而是透過判決在解釋過往條約之後取得了聖特拉斯堡（Strasbourg）等地區，這種在法律上的成功併吞能夠成功，也顯示了太陽王的威力之強大。

一六八五年，路易十四廢除亨利四世發布的南特敕令（參照P87），離間新教各國。但在其晚年時發生了西班牙王位繼承戰爭（War of the Spanish Succession），連太陽王的威勢都出現了變化的徵兆，戰爭結束後締結《烏得勒支和約》（*Treaties of Utrecht*），法國的擴展情勢停止，就此展開改由英國稱霸的時代。

在經濟情況方面，路易十四親政後期，因貨幣不足造成經濟緊縮，商人、專業人士的活動出現衰退，甚至連帶影響到國家財政。一六六〇～一六八〇年，對法國而言是一個嚴峻的時代。柯爾貝爾採取管制經濟，無論如何都想防止金錢流向國外。同時，也建造了戈布蘭編織和菸草等皇家工廠，並扶助、監督民間工廠。在農業領域則是獎勵種植工業用材料，但在重整財政方面，一直無法有順利的進展。國王非常浪費，再加上稅制、財務的缺點，成了危機發生的主要原因。只有部分商人和炒作小麥的投機商能在這個停滯期獲利。

砂糖帝國的成立

十七世紀中期之後，有更多、更大範圍的人們著迷於砂糖，而且砂糖價格變得更親民。這是因為和以前相比，砂糖大量流入的情況變得更為顯著。

為了得到大量砂糖，前提是要確保擁有奴隸，因為砂糖是在大西洋西印度諸島以大規模栽培的模式在種植。法國在十七世紀末期才開始在安地列斯群島進行大規模栽培。一開始，西班牙從教宗手中獲得從西非取得奴隸的權利，率先在大西洋種植甘蔗。到了十八世紀時，首先是英國，緊接著法國也開始重視砂糖經濟，掌握在歐洲的霸權並壓迫對手的經濟。法國也跟英國、西班牙、葡萄牙等國家一樣，帶來大量黑人進行大規模栽培，所以安地列斯群島馬上變成具有黑人意識（negritude，指「黑人性格」）的土地。

一七一五年，法屬安地列斯群島的甘蔗產量已經很接近英屬安地列斯群島的產量。到了一七三〇年，砂糖產業出現極大的發展，法國開始在歐洲市場上更占優勢。尤其是在聖多明哥（Santo Domingo）有著龐大的生產量。在法國大革命前夕，一年有八萬六千噸的砂糖從這些殖民地進入法國。除此之外，還有大約三萬噸的走私數字，所以砂糖進口量其實是更多的。

因為法國產的砂糖更加便宜，所以法國將其在大西洋集結的砂糖，透過荷蘭或其他北歐國家的船隻，經由阿姆斯特丹、萊茵峽谷和波羅的海等地分配到歐洲各國，形成國家之間的分工。因此曾經密不可分的荷蘭和英國兩國的關係急速冷卻，在美國發生獨立戰爭之際，荷蘭決定與法國結盟，對抗英國。砂糖的威力量確實非同小可。

因此，法國的殖民地帝國，最重要的就是「砂糖帝國」。除了砂糖，當時的法國人也很熱衷追求金、銀等貴金屬，但即便如此，和對砂糖的狂熱相比，還是較小的。他們最需要的不是胡椒等香料，也不是茶葉，或咖啡、棉花、靛藍和可可。咖啡和可可亞（巧克力）之所以會受到歡迎，也是因為砂糖的緣故。

砂糖戰爭

在奧地利王位繼承戰爭（Österreichischer Erbfolgekrieg，一七四〇～一七四八年）、七年戰爭（Seven Years' War，一七五六～一七六三年），以及美國獨立戰爭

（American War of Independence，一七七五～一七八三年）期間，同時也有英國和法國在安地列斯群島的戰爭。兩國除了互相扣留對方的商船、封鎖對方港口等海上的衝突，甚至還打算登陸對方的島嶼。這說明砂糖對兩國來說是多麼重要，簡直可謂是「砂糖戰爭」。而且在拿破崙時代的歐洲國際戰爭發生之際，大西洋上的海戰也是圍繞著砂糖而展開。中間穿插法國大革命，從一六八八年「大同盟戰爭（War of the Grand Alliance）」到一八一五年「滑鐵盧戰役（Battle of Waterloo）」的英法對立，也被稱為第二次百年戰爭，但這大部分都是為了掌控砂糖產業而引發的戰爭。

和七年戰爭同時進行的大西洋戰爭中，法國海軍在一七六三年因敗北被迫做出選擇，當時的副外交大臣，同時也被委任為海軍和陸軍指揮的舒瓦瑟爾（Étienne-François de Choiseul）選擇了珍貴的砂糖島嶼，放棄加拿大。哲學家伏爾泰（Voltaire，參照P124）熱烈讚揚了這個選擇：「與其在若干下雪的大地花費高額的維持、國防費用，還不如確保雖然小但資源豐富的群島。」

十八世紀的歐洲確實可說是被砂糖征服的狀態。法國大革命發生之際的一七八九年，法國的國際收入處於盈餘狀態，主要就是因為殖民地，換句話說就是由生產砂糖的島嶼承擔起來。法國海軍在戰爭中的主要目標，就是設法確保和這些珍貴殖民地的關係。他們接受了凡爾賽宮的指示，完成在大西洋的任務。來自大西洋港口、波爾多、南特（Nantes）、勒哈佛爾（Le Havre）的大商船，主要都是為了砂糖而活動。

咖啡和砂糖的相遇

法國在十八世紀及十九世紀的砂糖消費量一直在增加。但這和飲用咖啡習慣的逐漸普及也有很大關係。原產非洲的咖啡從阿拉伯半島南部開始傳播，在一五五四年傳入亞歷山卓（Alexandria）和伊斯坦堡（Istanbul）後，又在一六四〇年傳入義大利、一六五二年傳入英國、一六六〇年代傳入馬賽（Marseille），人們開始廣泛飲用咖啡。

一六八六年，西西里人法蘭西斯科．波寇皮歐．德．柯德里（Francesco Procopio dei Coltelli）在聖日耳曼溝渠街（現在的老喜劇院街）十三號的法蘭西喜劇院對面開設了「波寇皮（Le Procope）」咖啡館，那似乎是巴黎第一間咖啡館（參照P190），那裡成為巴黎知識分子聚集的場所。但在初期，人們是直接飲用咖啡，沒有添加砂糖和牛奶，並把它當成一種藥物來飲用。

將咖啡添加牛奶的喝法傳入歐洲的，是波蘭人柯希斯基（Kulczycki）。他本來在土耳其伊斯坦堡擔任翻譯官。但鄂圖曼土耳其軍隊在一六八三年發起第二次維也納包圍戰（Siege of Vienna）時，他人正在維也納，在突破鄂圖曼軍隊的包圍後，他將請求援軍的重要訊息帶到波蘭王國。後來維也納市內的守備隊和神聖羅馬帝國軍隊，以及急忙趕到的波蘭軍隊一起打敗土耳其軍隊令其撤退。柯希斯基得到的禮物就是從維也納市內土耳其軍營沒收的五百袋咖啡。

隔年，他利用那些咖啡在聖斯德望主教座堂（Stephansdom）附近開設了維也納第一家咖啡館。之後更研發了在過濾咖啡沉澱物中加入牛奶，再和月牙形的布里歐甜點（牛角麵包*，Croissant）一起食用的吃法。這種歐蕾咖啡*（Café au lait）的喝法也傳入倫敦和巴黎，不久之後，除了加入牛奶的咖啡，加入砂糖的甜咖啡也開始慢慢普及。順帶一提，布里歐是以砂糖、奶油、雞蛋，以及水或牛奶攪拌發酵的麵團製成，是輕盈膨脹的麵包點心的總稱，有各式各樣的形狀。

巴黎的咖啡館不斷增加，一七一六年是三百家，一七八八年達到一千八百家，即使是法國大革命和拿破崙帝國也無法阻止咖啡館的增加。法國大革命前夕，巴黎市民人數大約是六十五萬，所以約莫三百六十人有一家咖啡館。接著在一八〇七年變成四千家。有普通的店家，也有豪華店家，最常見的是在吧台堆出巨大金字塔砂糖山的店家。一杯咖啡會在盤中附上方糖，有的還會附上長麵包。

砂糖消費的增加

紅酒專賣店也推出添加砂糖的紅酒，而且在汽水店，除了冰淇淋、雪酪，還提供糖漿、拉索里歐（將玫瑰、柳橙等花瓣浸泡在酒精中製作的利口酒）、茴香酒（以茴香製作的利口酒）和檸檬水。像這樣在飲料中加入砂糖的情況，使得砂糖消費量一口氣增加了起來。此外，雪酪和冰淇淋的普及也是增加砂糖消費量的原因。這些東西除了會在咖啡館供應，在套餐料理中，有時也會在肉類料理之前端上餐桌。其中包含各式各樣的冰點心。

與甜點有關的砂糖當然也很重要。十八世紀，果醬、柑橘醬、甜蛋糕開始登場並逐漸普及。此外，過去窮人一直把燕麥粥（Porrige或bouilli）當作主食，但做成甜味粥來食用的習慣也開始普及。之後也開始流行將派類點心和布丁做成甜的口味。據說甜麵包也是在這個時期開始出現。

所以在這個時代，砂糖從以前的奢侈品變成平民餐桌上討人喜愛的必需品。而且早

圖3-3　拉瓦倫著作《法國糕點師傅》中的卷頭插畫

就不是極少數權力或特權的象徵，其經濟價值和意義變得非常重要。大家都在追求砂糖，這也使得砂糖變成肩負稱霸世界戰略之責的商品。

當然，運用砂糖的甜點食譜也是在這個時代逐漸開始增加。在十七世紀中期，為雨克賽勒侯爵（Marquis d'Uxelles）服務，同時擔任路易十四的宮廷主廚的法蘭索瓦．皮耶爾．德．拉瓦倫（François Pierre de la Varenne，一六一五～一六七八年）以《法國廚師》一書聞名於歐洲。這本書最重要的貢獻就是，將法國料理從哥德風調味，也就是中世以來大量使用香料的複雜濃郁調味中解放出來。另外，他還針對甜點寫了專門書籍《法國糕點師傅》（*Le Patissier francois*，一六五三年），在這本書中他敘述了各種甜點的製作步驟、溫度等內容。在他研發的甜點中，最廣為人知的就是「絕妙美味派」，這種甜點是在杏仁膏製作的基底點綴青檸檬鮮奶油和櫻桃蜜餞，再淋上蛋白霜。

法蘭索瓦．馬西洛特（François Massialot）在一六九二年出版《果醬、利口酒及水果的新教科書》，其中介紹的食譜和現在一樣使用了許多砂糖。這本書似乎也是第一本以法文出版並包含插圖的甜點書。在此之後的一百年間，陸續出版許多收錄糖果和冰淇淋等甜點作法的食譜書，這正是因為砂糖也大量輸入法國的關係。

後來的砂糖

本章要討論的是十七、十八世紀發生的事情，但關於砂糖這部分，我打算持續觀察到十九世紀為止。我們已經知道在十六世紀，除了甘蔗，在寒冷地區也能種植甜菜並製成砂糖，但這種情況還不太普遍。然而，拿破崙在一八〇六年封鎖對立的英國，企圖採取經濟管制，他發布了大陸封鎖令，禁止當時在法國統治下的歐洲大陸各國和英國（及其殖民地）進行貿易。由於無法取得大西洋的甘蔗，所以法國越來越頻繁地從甜菜中取得砂糖。接著在十九世紀後半，甜菜精糖產業順利工業化，生產步上軌道，成為與甘蔗勢均力敵的原料。

十九世紀，砂糖的使用變得更加廣泛，小孩、女性專用的糖漿種類增加，混合各種香料的精緻商品、利用珍貴水果製作的產品也陸續登場。一八四五年，法國每人一年平均的砂糖消費量是三・六公斤，一八五八年則是四・三公斤，一八六一年是六・四公斤，一八六六年是七・一公斤，一八七一年則是七・八公斤。而巴黎人的砂糖消費量，在一八七〇年竟達到十公斤以上。

最後，引用一下美食評論家布里亞・薩瓦蘭（參照P184）的見解。他在《味覺生理學》一書中，提到砂糖有三種用途。第一種是用於甜的歐蕾咖啡；第二種是用於餅乾、馬卡龍、Croquignole（以麵粉、蛋白和砂糖製作的餅乾）、巴巴蛋糕（Baba，參照P122）和其他甜點；第三種則是用於水果果醬、蜜餞。所以家庭美滿的主婦除了每天的麵包，砂糖的開銷也很龐大。

各種鮮奶油

接著來介紹一下鮮奶油的歷史。長期以來，鮮奶油都只用來製作奶油，是相當珍貴且昂貴的食材，而且不容易保存。到了十七世紀，在中世很受歡迎的酸味醬汁（參照P48）已經過時，油脂多的醬汁廣受歡迎，於是主廚開始在國王和貴族的餐桌上使用鮮奶油。鮮奶油和麵粉具有相同機能，都是用來連結食材。

前述的德．拉瓦倫也在其著作《法國廚師》中提到了發泡鮮奶油，同時也記載了路易十四非常喜歡發泡鮮奶油的故事。之後，以「香緹鮮奶油（crème Chantilly）」之名廣為人所知的發泡鮮奶油，一般認為是在孔代親王（prince de Condé）的香緹伊城堡（Château de Chantilly）服務的法蘭索瓦．華泰爾（François Vatel）改良研發的。從十七世紀開始，製作甜點的麵糊也開始使用鮮奶油。另外，華泰爾拔劍自殺也是廣為人知的事情。根據塞維涅侯爵夫人（Marquise de Sévigné）在書信中的描述，華爾泰在一六七一年擔任孔代親王主辦的大宴會負責人，因為當日料理要使用的海鮮沒有及時送達，他預感宴會將會失敗，在極度悔恨中，三次將劍插入自己的身體。然而他只是誤會了，因為在他自殺之後，那些海鮮就送來了。

以蛋黃和砂糖製作而成的卡士達醬（custard cream，另一說法為「crème pâtissière」），據說是在馬西洛特的著作《宮廷與資產階級的廚師》（*Le Cuisinier roïal et bourgeois*，一六九一年）中首次出現。但不知道為什麼，在他介紹的食譜中並沒有放入砂糖，或許是因為當時未必只用於甜點，而是普遍使用在料理中。

十八世紀，鮮奶油以冰淇淋（參照P79）的樣貌流行於大眾之間。前述的咖啡館「波寇皮」就以「香緹冰淇淋」出名（參照P190）。此外，曼農在《資產階級家庭的女廚師》（參照P83）一書中，列舉了許多甜點用的鮮奶油種類。像是「草莓鮮奶油」「黑莓鮮奶油」「發泡鮮奶油」「鮮奶油葡萄牙口味」「含草莓及黑莓的發泡鮮奶油」和「女王鮮奶油」。

十九世紀，鮮奶油開始大受歡迎。鮮奶油是從牛奶分離乳脂肪後製作出來的食材，一八七九年發明了鮮奶油分離器後，就能更加迅速且確實地取得鮮奶油。因為過往都是將牛奶放在陰涼處使其發酵二十四小時，再以長柄杓子舀取出表面形成的球狀脂肪。

弱女子與甜點

自古以來，在許多文化中就有贈送女性甜食的習慣，並從這種習慣發展出甜食和砂糖屬於女性世界的言論。舉例來說，梅斯市（Metz）在一五六八年，將米拉別李子（李子的一種）製作的蜜餞送給年輕的查理九世和其母凱薩琳·德·麥地奇。到了下個世紀，也就是一六七八年，路易十四的妻子奧地利的瑪麗·特蕾莎同樣也從梅斯市獲贈一百箱水果膏狀的乾燥果醬、七十箱的削皮米拉別李子，以及三十箱白色覆盆子（樹莓）。

美食家葛立莫（參照P184）在十九世紀初期出版的《老饕年鑑》中，大力讚賞了巴黎糖果店的創意，並稱讚瀟灑男性在新年贈送女性新式糖果的行為。人們替這些糖果取了意味深長的名稱，像是「你的魅力糖果」「誠實糖果」「謬思的糖果」和「愛的打盹」等等。當然，這種贈禮後來延續為現在英美人士在情人節贈送給女朋友的禮物。但不知何故，在日本則變成了由女性贈送禮物給男性的習俗。

此外，一般認為甜點原先並非交給女傭或廚師來處理，應該是由家裡的女主人來製作。在十七、十八世紀，每當親人或朋友突然來訪、作客，在餐桌上擺出自己憑本事製作的各種高檔果醬，就是主婦的驕傲。

所以在法國，有將甜食、甜點與女性連結起來的傾向，但另一方面，又認為女性沒有真正的美食鑑別能力，不可能成為美食家或紅酒通。葛立莫和布里亞．薩瓦蘭也完全否認女性在高級美食領域中的品味能力。不過，一般大眾仍認為女性是精通甜食之人，而且還會和小孩共享這個愛好。人們認為，做出出色精緻的甜點，尤其能取悅柔弱、不成熟、尚未發展完全的女性和小孩。

沙布雷侯爵夫人

關於上述這一點，沙布雷侯爵夫人（Marquise de Sablé，一五九八～一六七八年）就是大家熟知的例子。沙布雷侯爵夫人的父親原為庫爾唐沃（Courtenvaux）侯爵，之後又擔任法國元帥，並成為路易十三的家庭教師。後來她嫁給沙布雷侯爵，但丈夫在一六四〇年過世後，她和朋友聖莫爾伯爵夫人一起住在巴黎的皇家廣場，成為文學沙龍的主人。她也因為留下許多「箴言」而聞名於世。一六五五年，她隱遁波爾羅亞爾修道院，直到一六七八年過世前都在那裡生活。

沙布雷侯爵夫人在法國是以準備最完美的餐桌料理而出名。此外，她裝腔作勢、愛好甜點的情況也特別為人所知。加入波爾羅亞爾修道院之後，她在修道院的城牆內建造另一棟房子，在那裡集合修道院院長、侯爵夫妻、伯爵夫妻等高級貴族和文學家，舉辦極富文化氣息的美食宴會。她會在那個場合製作美味果醬、蜜餞和燉煮料理。她不斷發明鹹味或砂糖味的甜點，激烈批評刊載於前述的《法國廚師》上的食譜，自豪自己才是世界上味覺最敏銳的人。

這位侯爵夫人的美食家作態，讓人懷疑她的悔改之情與虔誠之心。尤其是喜歡甜食這件事，更讓她在性事上的激烈愛好也在私底下受人譴責。因為一般認為喜好甜食的傾向是軟弱的象徵，從食慾到性慾、從對飲食的細緻追求轉移到對性的愛好是很容易的一件事。性格「軟弱」的女性，除了身體柔弱，道德防線也被認為很脆弱，這就是那個歧視女性時代的特徵。

此外，「沙布雷」這種具有奶油風味，味道香甜濃厚的餅乾，其名稱就是源於這位沙布雷侯爵夫人。據說是因為路易十四為了款待來訪的夫人所準備的烤製點心非常美味，於是在匆忙之間就用了夫人的名字，同時也因為喜歡甜點的夫人會舉辦沙龍茶會，為了表示敬意才取這個名字。

巧克力和女性

作為飲料的巧克力也和淫蕩、吃喝玩樂、快樂連結在一起。當時的人採用西班牙式的作法，將可可豆磨成粉溶解在水或牛奶中，在裡面加入砂糖、榛果粉或杏仁，也會加入香草、肉桂、雞蛋等食材，讓成品變得更黏稠，再倒入巧克力壺，以附帶的棒子攪拌

圖3-4　早晨在被窩飲用巧克力（義大利繪畫）

到起泡後再飲用（參照第2章章名頁）。然而，這種黑巧克力也被視為會讓女性昏倒的淫靡飲料，和色慾連接在一起。

事實上，在十七、十八世紀，巧克力曾在宮廷和貴族沙龍中的上流女性之間大為流行。塞維涅侯爵夫人寄給女兒格里尼昂夫人的書信（一六七一年二月十一日）中記述了以下內容：「妳身體好像很差的樣子？喝可可亞應該會有療效。不過妳沒有巧克力壺，這件事我想了很久，妳有什麼打算嗎？」另外，同樣是寄給女兒的書信，十月二十三日的內容則是：「柯威特羅根侯爵夫人攝取太多巧克力，所以懷孕後生下很小的嬰兒，不過這個小孩像惡魔一樣黝黑，馬上就死掉了。」對於這種情形感到非常害怕。

纖細時代的美麗食物

十七、十八世紀，地中海世界的義大利文藝復興時期的飲食傳統漸漸式微，將這個寶座讓給北方。在那裡吹響凱歌的就是法國皇宮的料理、飲食文化。

法國人開始在歐洲擔任高尚社交、禮法的先鋒，廚師也揚揚得意，自豪自己的技術，接受大眾的讚賞。歐洲的飲食風格從中世到文藝復興時期已經有了相當程度的變化，但急速改變這些風格、使其變得更加優雅、輕盈的，就是這些廚師。到了十八世紀，餐盤和料理數量漸漸變得越來越多，但每道「餐點」分量都變少，素材和味道也變得輕柔、簡單。過往會大量運用種類繁多的香料，而且還會混合使用。但從十七世紀到十八世紀，幾乎主要是使用胡椒、丁香、肉豆蔻，在中世曾經大受歡迎的小豆蔻、蓽拔、番紅花、肉豆蔻皮和高良薑慢慢從法國人的餐桌上消失。廚師們開始強調一、兩種香料的有效利用。

這種新料理在顏色上互相巧妙襯托，在視覺上要讓人預先對香味充滿遐想。因為視覺對人的影響大於嗅覺，所以美麗的色彩和形狀比香味更加重要。此外，中世貴族餐桌曾有的血淋淋野蠻樣貌則消失無蹤，眼前出現的是更為細膩的女性特質。

十八世紀，細膩、女性化的隱約香味，以及宛如甜蜜空氣般的植物香氣開始受到大眾喜愛。人們厭惡刺激性、動物性的味道。從麝香貓、香獐和琥珀中製造出來，充滿巴洛克時代氛圍的香水味，變成令人厭惡的「臭東西」。十八世紀是知性優雅的女性時代，同時也是植物的時代。我認為這個世紀成為甜點的一大發展期並非偶然。

甜蜜的香味、甜蜜的味道，以及美麗的形狀和色彩。甜點、蛋糕才是符合這個時代的食物。從糖果、果醬、糖煮水果、焦糖、牛軋糖等甜食中，可以看到前所未聞的講究。菁英分子將厚重發黏的肉類驅逐出餐桌。與此同時，人們也排斥味道強烈的起司、大蒜、高麗菜、洋蔥這些會令人作噁的東西。

能夠炒熱餐後幽默對話的氣氛，吻合情慾沙龍和貴族庸俗習氣（擺紳士架子）的東西，不管怎麼說，應該都是甜點吧。甜點的講究，是為了展示貴族階級和卑俗平民的差異而誕生的。高貴女性也追求能夠刺激感官、更為講究的餐具。大眾開始尋求水晶、瓷器、銀或琺瑯等餐具，可以拿來盛裝各種蛋糕、餅乾、冰淇淋、糖煮水果、蛋白霜、果凍、糖果、慕斯等甜點的容器，餐桌藝術隨著甜點的發達而興盛起來。

十七世紀後半到十八世紀的時代，換言之就是女性的時代，主宰宮廷的也不是國王，而是寵姬。就算女性再怎麼因為「喜歡甜食」而受到責備，或被大眾所輕蔑，仍然有許多男性開心於服從這種女性權威。不久後，打算將甜點打造成餐桌藝術成果的行動澎湃而起，應該被輕蔑的女性慢慢成為餐桌上的女王。

寵姬蒙特斯潘夫人的努力

接下來我將搭配一些甜點軼事，介紹三位讓凡爾賽宮更為光彩、在諸多王妃與寵姬中也特別有名的夫人。

首先是路易十四的寵姬蒙特斯潘夫人（Marquise de Montespan，一六四一～一七〇七年）。她以王妃瑪麗·特蕾莎的女官身分進入宮廷，為了成為前輩寵姬露易絲·德·拉瓦利埃爾（Louise de La Vallière）的繼任者，做了各種努力。當時的宮廷人士認為，纖細的女性看起來貧窮瘦弱，所以並不受人歡迎，不管怎麼說，肥胖圓潤才是健康的象徵。所以非常期待「纖瘦的露易絲馬上就要離開國王寢室」這件事。事實上，蒙特斯潘夫人一直都胖得圓滾滾。總之她非常喜歡「吃」。她的目標就是不斷享受當時開始流行的美味甜點以變胖。在贏得國王歡心的作戰中，還包括了食用大量杏仁糖、糖果這類甜食計畫。

她的計畫非常成功，因此獲得國王的寵愛，還生了七個小孩，但她之後仍持續變胖，據說胖得像豬或鯨魚一樣。可能是因為這個原因，國王的寵愛轉移到曼特農夫人（Marquise de Maintenon）身上，她便離開宮廷進入修道院。

龐巴度夫人和瑪麗王妃的食物鬥爭

接著是路易十五的寵姬龐巴度夫人（Madame de Pompadour）和王妃瑪麗．萊什琴斯卡（Marie Leszczynska）的故事。首先要從王妃的父親斯坦尼斯瓦夫．萊什琴斯基（Stanisław Leszczyński）開始說起。

圖3-5　斯坦尼斯瓦夫．萊什琴斯基

斯坦尼斯瓦夫．萊什琴斯基（一六七七～一七六六年）是前波蘭國王。波蘭在十八世紀發生王位繼承戰爭，由於列強干涉，萊什琴斯基逃亡移居到南錫（Nancy），成為洛林領地的領主。他除了對美麗建築、金屬工藝、瓷器及庭園非常有興趣，還是有名的美食家，也是甜點歷史上不可或缺的人物。

他（或是他的廚師）改良了咕咕洛夫*（Kouglof，參照P125），將其做成「巴巴蛋糕」這種甜點，並因此聞名。為了方便食用，在裡面加入葡萄乾，淋上甜紅酒，使其變得柔軟潮濕。且為了便於和咕咕洛夫做出區分，使用了表面光滑的圓筒形烤模去烘烤，而非鋸齒狀的咕咕洛夫烤模。拿掉烤模後，再淋上萊姆酒（甜的馬拉加酒）點火燃燒，或是放入含有萊姆酒的糖漿中浸泡再食用。「巴巴蛋糕」這個名字，據說是因為萊什琴斯基愛看《一千零一夜故事》，喜歡在故事中登場的「阿里巴巴」，才以此為名。之後在斯坦尼斯瓦夫國王宮廷服務的廚師尼古拉·史特雷（Nicolas Stohrer）記下了這個食譜，在巴黎的蒙托格伊街五十一號開店販售，巴巴蛋糕便成為名產。這間店是巴黎最有歷史的甜點店，現在依舊存在。萊什琴斯基也跟瑪德蓮蛋糕（Madeleine）的誕生有關，這部分會在第5章為大家介紹（參照P200）。

萊什琴斯基有一個女兒瑪麗，她嫁給了路易十五。然而，路易十五有一位寵姬龐巴度夫人，瑪麗一直無法讓路易十五把心思放在自己身上，於是她的父親萊什琴斯基讓自己的廚師研發了一道厲害的料理——酥皮餡餅（Vol-au-Vent）。他將這種派皮包餡的料理作法傳授給女兒瑪麗，期待透過這道料理的威力，讓路易國王的心轉向瑪麗。然而，這個方法失敗了，根本比不上龐巴度夫人的魅力和花招。於是瑪麗請求同一位廚師：「做更小一點的東西。」讓對方做了一個人就能吃掉的皇后千層酥（Bouchee a la Reine，意指「皇后的一口料理」）。

萊什琴斯基喜歡大的甜點，除了巴巴蛋糕，他還研發了各種甜點，所以也有一個說法是，這些甜點都是透過瑪麗普及到凡爾賽宮和巴黎。

龐巴度夫人的魅力

龐巴度夫人（一七二一～一七六四年）除了是大家熟知的絕世美女，還是一位知性且品味優雅的女性。她也是卓越的音樂家，會彈奏大鍵琴，還會演唱歌劇和當時的流行歌曲。雖然瑪麗王妃嫉妒她，但龐巴度夫人仍對王妃表達善意和敬意，有時也會贈送樸素美麗的花束，王妃也在不久後逐漸釋懷。到了後期，龐巴度夫人利用自己和國王感情和睦的機會，開始插嘴政治事務。甚至對外交和戰爭事務指手畫腳，這也成為國王疏遠她的部分原因。

龐巴度夫人經常在送給自己的城堡中舉辦宴會，並站上舞台親自唱歌。藝術家、文人會在她的庇護下火速趕來。值得注意的是，據說她和啟蒙思想家（自由思想家）也有深厚的友情。和伏爾泰的交情尤其廣為人知。這位開明的哲學家，反對所有狂熱信奉的行為，身為理性和批判精神的熱情擁護者，他推動啟蒙主義，更被視為籌備革命的思想界寵兒。順帶一提，據說伏爾泰的腸胃很弱，一天會喝好幾杯加了巧克力的咖啡，以便讓頭腦更清晰，而且最喜歡將多種水果，尤其是將異國風情的水果做成甜品來食用。

龐巴度夫人就像路易十五所說「宛如黑海番鴨一樣」，是個體質虛冷的人。而且儘管她擁有美色，卻因為性慾冷淡，在性行為上完全感受不到愉悅，所以對於和國王之間的房事也非常不安。但為了不要失去這個地位，她想方設法治療性慾冷淡的毛病，做了令人感動的努力。根據侍女歐塞夫人的回憶錄，龐巴度夫人在巧克力飲料中加入比平常多三倍的香草和龍涎香，並且在早餐時端上餐桌，看起來應該是打算採取飲食療法。毫無疑問地，要滿足放蕩且精力絕倫的國王一定相當困難。

圖3-6　龐巴度夫人

瑪麗・安東妮喜愛的甜點——咕咕洛夫

最後是瑪麗・安東妮（一七五五～一七九三年），她在日本也很受歡迎。她是奧地利女皇瑪麗亞・特蕾莎（Maria Theresia）的女兒，十四歲時嫁給後來的法國國王路易十六（Louis XVI），她是位悲劇王妃，和丈夫一同在斷頭台被斬首。

這位法國王妃出生於維也納，極為喜歡甜點。她嫁入法國後，從奧地利帶來許多甜點，同時也將維也納的甜點和裝飾技術傳入法國。據說她一犯思鄉病，就會配茶享用故鄉的甜點，尤其愛吃咕*咕洛夫。這是一種有點像是圓錐形的蛋糕，中間會挖一個洞。先前曾介紹過萊什琴斯基以此為基礎製作了「巴巴蛋糕」。而自古以來在奧地利和波蘭就廣為人知的咕咕洛夫，則是隨著瑪麗・安東妮一起傳入法國，在十八世紀後期成為一大流行。此外，據說她也喜歡吃被視為法國牛角麵包原型的「新月牛角麵包（Kipferl）」和布里歐。

光明的時代

十八世紀是啟蒙時代，是法文所說的「光的世紀」*，也是知識、教養的開明時代。實際上，在這個時代，機器文明開始發達，煤氣燈發明後，都會區在夜晚也閃耀著光明。明亮光輝給人們的感性帶來巨大影響。女性時代的十八世紀，也是光的時代。

這與重視餐桌上的視覺表現，在甜點之美錦上添花的時代有關。小小的、像美麗寶石般的杏仁糖大受歡迎，路易十五和宮廷人士大量消費這種甜點，據說供應這種甜點的商人佩克因而大賺一筆。

十八世紀的巴黎街道上開了許多糖果店，想以甜蜜寶石來裝飾餐桌的貴族和資產階級都在糖果店前大排長龍。尤其倫巴德街是法國糖果製造的苗床，據說在那裡開了許多間大型糖果店。

*註：啟蒙的法文為「lumières」，而「lumières」的原意是「光亮」。

第 4 章

催生革命，有如燦爛繁星的甜點師傅

卡漢姆製作的甜點裝置藝術「古代羅馬瀑布」

王權的陰影

以優雅妝點專制王權和宮廷的女性為中心，法國甜點為了稱霸世界而展開活動。然而，法國甜點要真正成為代表法國的事物，首先必須成為市民之物，而不是專屬於特權階級。所以沒錯，法國大革命這個動亂就是必須的。

在曾孫路易十五（一七一五～一七七四年在位）接任太陽王路易十四的時代，法國文化仍舊閃耀燦爛。攝政在一七二三年去世後，路易十五便開始親政，但直到一七四三年，都由他信賴有加的宰相弗勒里（Fleury）協助執政。在這個國王的統治下，法國勢力擴大，在前一章曾介紹過路易十五的岳父，也就是前波蘭國王斯坦尼斯瓦夫．萊什琴斯基獲得洛林的土地。而斯坦尼斯瓦夫在一七六六年一過世後，洛林地區就成為法國的領土。熱那亞更在一七六八年將科西嘉島（Corsica）轉讓給法國。

然而，另一方面，法國也喪失了部分領土。法國在七年戰爭（一七五六～一七六三年）中敗給英國，失去海了外勢力，尤其在美洲大陸必須放棄加拿大（參照P105），在印度也讓出許多領土給英國。這確定了英國在西班牙王位繼承戰爭萌發之際，進軍海外發展的優勢位置。

此外，可能是凡爾賽奢侈的宮廷生活、散漫的財政所產生的惡果，當時法國最大的問題就是慢性財政困難，所以國王逐漸對金融資本家和財界人士唯命是從。統治機構癱瘓，高等法院和王權逐漸對立。王國的改革試驗無法順利進行，在下一代路易十六統治時，成為專制王權的危機。

尤其在經濟方面並沒有完成中央集權的體制，各地區擁有自己內部的海關，而且也沒有統一度量衡。這就是法國為何會在英國產業發展迅速時陷入落後的原因。徵稅方法雖然是由國王的代理人進行管理，但每個地方都不一樣。從法蘭索瓦一世以來的努力也無法開花結果，連法律都完全無法通用。

資產階級和民眾的不滿

路易十六（一七七四～一七九二年在位）生活在充滿陰謀和派系鬥爭的宮廷中，他的政策意志不明確且畏畏縮縮。在這個時期，舊制度時期的「矛盾」甚至膨脹到無法收拾的地步。王權打算克服財政危機，也在一七八七年對過去擁有免稅特權的第一階級

（神職人員）和第二階級（貴族）進行課稅，雖然嘗試了法國在近代化上不可或缺的財務改革，但因特權階級反對，政策難以順利進行。

此外，在對外關係上，來自英國的壓力越來越大，之前已經說明過，法國在砂糖生產上凌駕英國（參照P104），但後來英國在工業革命中取得成功，透過出口工業產品開始領導世界。為了對抗這樣的英國，法國支援美國的獨立戰爭，但這只是讓國庫變得更空虛，最後並沒有使外交和貿易情況好轉。

杜爾哥（Turgot）被提拔為財務總監，開始著手解決造成法國產業落後的國內關稅問題，解除穀物交易時會遇上的所有障礙，使市場、流通自由化，而且還廢止同業工會和領班制，期望帶來經營自由。不過這些改革也遭遇特權商人和宮廷貴族等既得利益者的猛烈反抗，杜爾哥因此下台。

王權的僵局也使得農民更加受苦。實施對資產階級有利的改革後，無法適應活躍流通這個發展的部分農民和手工業者淪為流浪者，而且部分穀物交易自由化後，屢次在發生飢荒之際出現囤積糧食情況，加速糧食不足的問題。民眾無法忍受允許土地變更為耕地牧場的法令，所以開始對過去一向崇敬的國王心懷不滿。他們認為，向封建領主納貢是不合理的剝削，企圖讓領主放棄領主權而發起動亂，同時也對國王推動的「農業改革」唱反調。

另一方面，在資產階級間，啟蒙時代的哲學家和起源於英國經濟學者的新觀念開始普及。哲學家們嚴厲批評波旁王朝專制王權的身分制秩序。以前述的伏爾泰為首，包括撰寫《論法的精神》的孟德斯鳩（Montesquieu）、被稱為「百科全書派」的狄德羅（Diderot）和讓・勒朗・達朗貝爾（Jean le Rond d'Alembert），甚至連盧梭（Rousseau）都認為不平等是最大之惡，提出要從根本推翻支撐專制王權的政治理念和社會規律的想法。在一七五一～一七七二年被編寫的《百科全書》，意圖賦予所有知識一個全新的型態和構造，尤其具有「科學和技藝的詳解詞典」這樣非主流的觀點。以精緻插圖、文章去說明農業機械、工作機械和織布機等器具，當然在製作甜點的道具類也附上了圖解和說明。

資產階級身為新產業中堅分子而興起，受到這些啟蒙主義者的影響，他們不滿自己的政治權利受到限制，反抗貴族的特權，也開始批判同意特權的王權，要求樹立資本主義發展的自由政治制度和社會體制，也就是要樹立君主立憲制，並廢除封建制度。

同為第三階級的民眾和資產階級，雖然在要求廢除貴族的免稅特權、領主裁判權等封建特權的觀點上一致，但除此之外的利害關係未必相同，兩者有時會聯手，有時處於對立，使得之後的革命變得動盪不穩定。

從巴士底監獄事件到君主立憲制

路易十六為了謀求解決的對策，真的在一七八九年五月召開了相隔一百七十五年的全國三級會議。然而各個階級的意見無法達成一致。第三階級的代表在六月二十日為了抗衡國王所採取關閉議會會場的措施，在隔壁的網球場集合，誓言直到憲法制定前都不解散。最後他們得到部分神職人員和貴族的幫助，沒有發生流血衝突，在兩個月內實際結束了君主專制。

首先，經濟危機導致了麵包價格上漲，加上國王的軍隊抵達巴黎附近，絕望的民眾於是在七月十四日發動巴士底監獄襲擊事件。這個巴士底事件成為革命紀念日和三色國旗的起源。接著在七月底，貴族的陰謀論和夜賊襲擊的傳聞蔓延開來，由此引發的「大恐慌」成為開端，人們在領主官邸放火，開始在各地發起針對封建特權的戰鬥。八月四日夜晚，打算平定此事且和自由主義貴族有合作關係的議員，透過投票決定廢除封建特權，做出結束舊制度的決議。更進一步在八月二十六日發表人權宣言，「在法律之下市民平等」「對專制政權的抵抗權」等成為新社會的方針。然而，實際上要達成市民平等卻是很久以後的事情了。

路易十六遲遲不批准廢除封建制度以及人權宣言這兩件事，一直在拖延時間，但在廣大群眾於十月五日到六日遊行至凡爾賽宮後，國王終於承認法令，同時國王一家移動前往巴黎。到了十二月時開始重組行政制度，廢止以前各自擁有零散特權的州區和地區，以面積、財富和人口等要素區分成幾乎均一、同等的八十三個縣。在最初的革命階段，是由自由主義貴族和上層資產階級主導，透過法律層面的轉換以廢除舊制度時期的殘餘，不斷努力達成君主立憲制。

共和政體的起點和羅伯斯比爾的獨裁

然而，以不希望再發生革命的自由主義貴族為主的君主立憲派，以及期盼完全廢除君主政治，並轉換成共和政體的資產階級為主的吉倫特派，在不久後開始對立。在這種情況下，企圖逃亡到王妃（瑪麗．安東妮）娘家奧地利卻失敗的國王一家人失去了國民的信賴（路易十六出逃事件），國內的反革命勢力更尋求奧地利等外國的援助想要徹底摧毀革命，吉倫特派開始掌握政權。之後吉倫特派向奧地利宣戰，允許敵軍入侵國內，使法國陷入危機。於是民眾為了守護革命而奮起，並在一七九二年八月推翻王權，法國第一次打贏敵軍，建立第一個共和政體。

這些民眾被稱為「無套褲漢（Sans-culotte）」。所謂的「無套褲漢」，就是「沒穿套褲」之意，以民眾沒有穿著富裕階層所穿的及膝短褲（套褲）這點來稱呼他們。屬於激進派的山嶽派獲得這些無套褲漢的支持，在議會取代偏向資產階級的吉倫特派，打算徹底推動革命，掌握實權。領導山嶽派的就是羅伯斯比爾（Maximilien Robespierre）。山嶽派承受無套褲漢的壓力，在一七九三年將吉倫特派從議會趕出去。一七九三年一月，路易十六在斷頭台被處刑。

山嶽派為了維持政權，意欲滿足巴黎民眾的一些要求——完全廢除中世以來的封建特權、領主制度，制定承認所有成年男子選舉權的憲法（但延期實施），防範國內的反對派，守護革命。此外，整個歐洲在這個時期結盟，為了阻止革命而逐漸包圍法國。山嶽派努力不懈，打算拯救被偷偷靠近國境的反動聯合軍威脅的共和國。

然而，山嶽派因此強制獨裁化，強硬推動政策，在許多地方處死反對派，實行恐怖政治。結果國內外的反革命派獲得勝利，危機一解除後，資產階級和民眾雙方的不滿高漲，山嶽派在一七九四年七月二日，因熱月政變被逐出政權中心。

法國大革命的意義

山嶽派垮台後，資產階級再次背離民眾，革命往保守方向前進，保住一定的成果。一七九五年，建立了兩院制的議會和五名督政官組成的督政府，但直到一七九九年為止，法國一直在接連不斷的選舉和政變。

革命後，舊制度下的貴族特權和封建制度被廢除，農民擺脫領主的掠奪，各種師傅也能解除因為同業工會獨占所造成的不利情況。革命建構、實現了君主政治經過幾世紀也無法達成的真正國民統一。革命也改變了法國人承繼了很長一段時間的生活風格，這是相當厲害的一件事。然而，法國並非馬上就過渡到正統的資本主義。畢竟一開始就是資產階級革命，擁有財富的企業家和企業領導者所抱持的產業資本主義滲透。此外，一七九三年的憲法最終還是沒有實施，要改善農民和師傅的處境、權利，必須經過更進一步的革命（一八三〇年的七月革命、一八四八年的二月革命）才能完成。

而且之後為了對抗來自外國、接連不斷的強大壓力和阻礙，人民開始依賴拿破崙的軍事獨裁。一七九九年的霧月政變（參照P143），是與一八〇四年第一帝國成立有關的事件。然而，不論是帝國政體，還是之後的復辟王朝，這個政體都是由資產階級所支持，再也回不到舊制度。

透過法國大革命，地理、國土的意義也逐漸發生變化。改變了在革命之前、直接使用各諸侯領土範圍的區分模式，縣的數量在經過整頓之後，從一七八九年的八十三縣變成九十六縣與四個海外縣，此外，也賦予這些縣內代表河川、山脈（阿爾卑斯、庇里牛斯等等）具有自然、地理特徵的名字。由此將過去因為特權階級的關係，經由人工打造出來的國家和地區的區分自然化，並讓各縣的身分認同扎根於土地。這和十九世紀的歷史學家所構想的、對法國國土的執著和「法國精髓」的觀念（參照序章）慢慢連結在一起。一般認為，每個地區都有自己的精髓，整合並精選這些地區的精髓，就成為法國精髓的重要養分。

餐廳的發展

法國大革命之後，許多身為特權階級的貴族開始沒落，也有市民變得富裕。在貴族宅邸工作的廚師只要有再就業的地方（貴族家）就足夠了，如果沒有，就自己在街上開店。舉例來說，波旁家族的支系香緹伊城主孔代親王，就在巴士底監獄事件後逃亡到國外，但無法帶著廚師同行。於是以製作美食聲名大噪、身為孔代親王廚師群中心人物的羅貝爾（Robert）就在黎胥留街一〇四號開設正宗餐廳。同樣的，為國王弟弟普羅旺斯伯爵（Comte de Provence，之後的路易十八）服務的廚藝長博維利耶爾（Beauvilliers），也在革命後決定自己開店。他的店就位於之後成為美食中心的「皇家宮殿」這個豪華地區周邊的一角——瓦盧瓦拱廊街。據說以奢華裝飾打造得很華麗，是亮麗舒適且等級最高的餐廳。

這個時期的巴黎，有很多新聞記者、外國間諜、使節和議員等單身者，對他們而言，能夠外食的餐廳非常方便。能夠從符合預算和身體狀況的菜單中挑選自己喜歡的食物，而且只要在營業時間內都能隨時前往，這兩點都是劃時代的改變。過去人們只能吃到在固定時間端到一張大桌子上的固定料理。旅人也只能和附近沒有自家廚房的人們或當地師傅、勞工混在一起，坐在旅館或被稱為「熟食店（traiteur）」的「定食餐桌（Table d'hote，指「定食菜單」）」前，老實地享用餐點。不僅每天菜色都一樣，烹調方式也很糟糕，更無法點選、吃自己想吃的東西。

圖4-1　19世紀的巴黎餐廳

巴黎的餐廳快速增加，歷經霧月政變後的執政政府、第一帝國時代、復辟王朝時代……餐廳數量不斷增加，到了一八二七年甚至達到三千間。到十九世紀中期，法國的餐廳大半都還是集中在巴黎，因為巴黎是特別多旅行者造訪的地點。不僅如此，根據一八五〇年代的觀察記錄，當時的巴黎有著一股風潮，那就是無論什麼身分，都會和朋友在外面用餐，尤其人們會開始在星期日和節日外食。

廚師離開貴族的宅邸，在街上開始開設餐廳和外賣店後，法國料理變得更加講究，而且也越來越民主化。這是因為如同下一章將會看到的，非凡的學者和藝術家陸續投身飲食文化展開評論，他們堆砌基石打造出美食的殿堂。

著名糕點師傅和甜點店的出現

在廚師的行列中也陸續出現深受全國好評的人。從十八世紀到二十世紀初期，像是文森・拉沙沛勒（Vincent la Chapelle）、安東尼・卡漢姆（Marie Antonin Carême）、於爾班・杜柏瓦（Urbain Dubois）、奧古斯特・埃斯科菲耶（Auguste Escoffier）等，建構近代法國料理基礎的料理界傑出人物一批批相繼出現。現代法國料理的改革者保羅・博庫斯（Paul Bocuse）和尚・特瓦葛羅（Jean Troisgros）的工作，也是在學習、掌握這些前人的成就之後才有的。這個綿延不絕的偉大廚師源流，的確順應了近代法國文化、社會整體的動向，我認為這點是不容忽視的。

在帝國、復辟王朝時代，法國人致力於以更講究的形式復活以前的宮廷料理，並使其普及於上流市民之間。此外，法國人還徹底研究料理、甜點的「裝飾方法」，這也為後世帶來巨大貢獻。

和餐廳相比，開設甜點店在一開始是相當沒有保障的，需要更多勇氣。然而，據說曾擔任路易十六主廚的賈給（Jacquet）一在蒙馬特溝渠街（現在的阿布奇街）開設甜點店，議員們就開始在店外排隊。除此之外，在皇家宮殿、聖多諾黑街、聖瑪格麗特街（現在的特羅素街）也紛紛開設了甜點店，就這樣慢慢地出現越來越多甜點店。

到了十九世紀，甜點店數量一口氣激增。這是因為許多貴族和富裕市民的家裡雇有廚師，他們在湯品、前菜、燉煮料理和烤肉料理這些方面，能夠製作很美味的食物，但是製作附加菜餚、甜點和冰淇淋這些食物需要有其他技能，如果想要吃到像樣的菜餚、甜點，就必須向外面訂購。尤其是之後要介紹的「甜點裝置藝術」這種甜點，就需要特別的技術。雖然有雇用的廚師，但革命以後除了貴族，資產階級和金融界人士也不停地尋求甜點，所以需求迅速增加。當時在巴黎市內開店的，有尚・阿維斯（Jean Avice）、曾德隆（Gendron）、魯熱（Rougé）、拉霍爾吉（La forge）、巴伊（Bailly）、羅斯（Rosé）等人，但只有這些人仍不夠，於是人們又開始尋求新的甜點師傅。

傳說的甜點師傅安東尼・卡漢姆（參照P146）在著作《巴黎皇家甜點師傅》中，敘述他散步時觀察到巴黎甜點店增加，品質極佳的店家陸續出現，並對此感到高興。此外，這些人除了技術提升、工作變得很細心，隨著訂購量的增加，店鋪也跟著變得更加美觀，這也是令人開心之事。在自己的工作和著作還沒普及於世之前，未曾有過這種現象，這令他相當得意。卡漢姆也在一八〇三年於和平街開設自己的甜點店。

拿破崙的成就

拿破崙・波拿巴（Napoléon Bonaparte）在一七六九年出生於法屬科西嘉島。他從年輕時就展現出軍人、指揮官的能力，在法國大革命後更是嶄露頭角。他在一七九六年的義大利遠征中以司令官身分出征，連戰連勝之後，在義大利建立了幾個共和國。

拿破崙凱旋歸國後，透過一七九九年的霧月政變掌握權力，在一八〇四年取得絕對權力，於三十五歲即位為「皇帝」。然而，這份光榮沒有長久持續下去。他毅然決然對抗周邊各國組成的反法同盟，雖然壓制了整個歐洲（除去英國）算是好事，但在俄法戰爭時（Campagne de Russie，一八一二年）遭遇挫折，之後其勢力就日漸衰微。拿破崙在一八一三年的萊比錫戰役（Bataille de Leipzig）敗北後退位被捕，遭流放到厄爾巴島（Elba）。之後他企圖復辟，雖然再度即位皇帝，但僅僅一百天就結束統治，又被流放到英屬聖赫倫那島（Saint Helena），於一八二一年去世。

法國人因革命後的混亂而深感疲憊，很喜歡結束內戰的拿破崙。他坐上權力寶座後，組織了執政府，取得獨裁權力。在戰爭和征服之際，甚至還將革命獲得的「成果」，也就是所有市民在公共上擁有平等權利和義務的觀念向外普及。根據這種觀念歸納出來的法律就是一八〇四年的《拿破崙法典》（又稱《法國民法典》）。這部法律的評價極高，是處理家族、財產、契約的法律，歸納整理過往依地區不同產生的零散法律，完成國家統一。實際上雖然是各種地區的成文法、習慣法的混合，卻是能適用所有法國人的法律。此外，拿破崙也慢慢穩定財政，在一八〇〇年創立「法國銀行」，同時為了安定治安採取盜賊相關的對策。據說他成為「皇帝」而不是「國王」，是因為要直接面對反保皇黨，想借用「古代」的威信。

拿破崙在征服歐洲和遠征的途中，從義大利掠奪了高達四百項的美術財富。他投入的程度不只是將這些東西單純當作戰利品帶回，而是透過文件合法化這些掠奪，這些古物和藝術讓巴黎得以取代羅馬，成為歐洲的文化首都。

圖4-2　拔絲砂糖的作法

描繪榮耀的甜點師傅勒博

和拿破崙有著密切關係的甜點師傅是於貝爾・勒博（Hubert Le Beau）。裝飾拿破崙家的就是勒博所做的「甜點裝置藝術」。所謂的「甜點裝置藝術」，是指裝飾用的大型甜點。勒博主要是製作像繪畫一般的甜點裝置藝術。

根據瑪格洛娜・圖桑—撒瑪（Maguelonne Toussaint-Samat）著作《甜點的歷史》（*La trés belle et trés exoquise histoire des gâteaux et des friandises*，二〇〇四年）中的描述，糕點主廚於貝爾・勒博在招待上流階級人士的晚宴和官方大型舞會上，製作了威尼斯風格的精緻甜點裝置藝術，來描繪法軍的活躍事蹟，並因此轟動一時。當中描繪的是拿破崙軍隊行軍到義大利的洛迪橋（Lodi）和阿爾科雷橋（Arcore）的場景。許多歷史畫家也以橋為畫作主題。據說當時各大報紙都大受感動地報導勒博完成傑作，他所使用的材料是拔絲砂糖、餅乾（將蛋白和蛋黃分別打到起泡再製成的餅乾，是一種輕薄、酥脆的餅乾）以及牛軋糖，當然還有糖花裝飾。

拿破崙打算利用戲劇、美術、書籍等形式，將這種榮耀實體化，尤其想要留下具有風格的美麗姿態，他讓賈克—路易・大衛（Jacques-Louis David）及其他宮廷畫家描繪出自己的光榮之姿，而「甜點」也對此做出貢獻，這是極為有趣之處。

安東尼・卡漢姆的甜點裝置藝術

安東尼・卡漢姆是在拿破崙時代前後大展身手、堪稱料理和甜點界「帝王」的人物。卡漢姆於一七八三年誕生在一個貧窮勞工家庭中，十歲時被父親拋棄，幸運的是，他被販賣燉兔肉的便宜餐館老闆收留，當了好幾年的助手。之後到了十五歲的時候，不知道什麼原因，他開始以實習甜點師傅之姿出現在巴伊開設於薇薇安街的一流甜點店。

圖4-3　安東尼・卡漢姆

他在那裡立刻嶄露頭角，成為塔皮點心的負責人，而且店主出於好意，允許他在皇家圖書館（現在的法國國家圖書館）念書學習。

卡漢姆正是建構法國甜點黃金時代的天才廚師、甜點師傅。他最重要的成就，在於開發了裝飾方法。他的作品和勒博那種繪畫式的甜點裝置藝術不同，而是做出了如同建築物的甜點裝置藝術（參照本章章名頁）。甜點裝置藝術是巨大的裝飾甜點，也是裝點宴會餐桌的重要項目。甜點師傅會在底座上堆疊蛋糕和糖果，此外也會利用金屬骨架進行固定。這是猶如藝術作品的精緻作品，以糖花裝飾物為材料，像是在雕刻般地製作甜點。甜點裝置藝術的美麗程度遠超過食物本身的價值，卡漢姆主要想尋求的也是這個裝飾的魅力。甚至將非常不適合食用的材料作為黏著劑使用，打算延長作品的壽命。

甜點和建築的關係

卡漢姆對甜點的型態格外敏感，因為他體認到甜點就是一種小型建築，並且想在甜點中實現內心深處想成為建築家的野心。卡漢姆是新古典主義的廚師，他從十六世紀義大利的古典主義建築家維尼奧拉（Vignola）、帕拉底歐（Palladio）和斯卡默基（Scamozzi）等人身上學習到建築理論和原理，被稱為「料理的帕拉底歐」。他幾乎每天都花好幾小時在仔細研究各國的建築物、紀念建築物以及園林建築，尤其還是皇家圖書館「版畫室」的常客，據說他在星期二和星期五一定會待在這裡數個小時。

這些成果可以從《妙手生花糕餅師》（*Patissier pittoresque*）和《巴黎皇家甜點師

傅》（兩書皆為一八一五年出版）兩本書中看到佐證。在這兩本書中和食譜一起刊載了許多素描和插圖，描繪的是在貴族和上流人士集會時被端上餐桌的豪華絢麗裝飾甜點。透過這些素描，能看出他作品具有威嚴莊重、重視勻稱和秩序的古典主義性格，但也帶有浪漫氛圍。裝飾性的幻想活躍其中，以印度、中國、希臘、義大利、埃及、土耳其和德國等全世界所有的風格，使用砂糖做出廢墟、寺院、城堡、涼亭、塔、隱居地、城寨和水車等作品。

在這些作品中有著和同時代造園活動相互輝映的特性。十八、十九世紀的王侯貴族庭園裡，除了有印度風格的寶塔、土耳其風格的便亭*1、伊斯蘭式尖塔的喚拜塔，還配置了充滿東洋趣味、異國情趣的建築物，像是瞭望台、涼亭、寺院等等。這種圍繞著脫離常軌的幻想式庭園，或許也對卡漢姆帶來了影響。

然而，再怎麼具有幻想性，也是要實踐於甜點作品上的現實物品，所以他慎重地選擇了所需的技術和素材。在他的著作《巴黎皇家甜點師傅》中，「長苔的洞窟」就以繪畫效果聞名，據說是採取了以下這種做法。

這件作品是圓形，擺放在四個拱頂上。本體由女王風的泡芙塔（Croquembouche，參照P155）構成，淋上的糖衣，一部分是玫瑰色糖衣，另一部分是焦糖糖衣，剩下的則是加了番紅花的碎砂糖。將這些泡芙塔從單柄鍋取出後，分成五至八個以及十至十二個為一組，從上方灑滿砂糖及切碎的開心果。由四個拱頂形成的岩山，是以沾滿焦糖糖衣的泡芙麵糊做成的Gimblette（一種環形餅乾）組成，並灑滿篩絹過濾後的細砂糖。將這些Gimblette堆疊在支柱中，就能完成美麗的貝殼裝飾[*2]。等這些材料冷卻後，以加入香草奶油的蛋白霜包覆起來。底座以德式鬆餅製成，以珍珠作為裝飾，在熱那亞蛋糕（Genoise，一種海綿蛋糕）上排成圓圓一圈的皇冠。拱頂上則以拔絲發亮的砂糖布置出小小的瀑布。

與塔列朗的相遇

據說年輕的卡漢姆經常和店主巴伊一起外出前往塔列朗（Talleyrand）家，幫忙製作甜點裝置藝術，之後他便為塔列朗服務。這是發生在拿破崙帝國時代，一八〇四～

＊註1：源自近東地區的亭狀建築物。
＊註2：人造石。

一八一四年這十年間的事情。

生於名門貴族的塔列朗（一七五四～一八三八年）是前歐坦主教，但他轉職世俗工作，為法國的政治、外交努力。他在羅伯斯比爾的恐怖政治時代逃亡到美國，回國後在督政府時代擔任外交大臣，但不久後就辭職。參與拿破崙的政變後，於一八〇〇年再次成為大臣，受到拿破崙的重用。不過，因為他對英國採取姑息態度，企圖平衡歐洲列強的勢力，引起拿破崙的反感，在一八〇七年被解職。

塔列朗在受拿破崙重用時期受命代替拿破崙接待賓客，一周最少要舉辦四次晚宴。所以他購買了中央地區（Centre）的瓦朗賽城（Valençay）這座美麗城堡，讓卡漢姆在廚房大展才能。卡漢姆一邊為塔列朗服務，同時學習貴族家庭的出餐方式和常規。兩人多次針對料理進行交談和討論。王侯貴族的餐飲宴會也帶有政治意涵，所以在布置上會要求裝飾必須可以一探主辦者立場、帶有訊息，換言之，可能是要稱讚餐會中某人的事蹟，或者暗示是否贊同方案的裝飾。此外，如果是家族內部的集會，在正式晚宴就必須改變氣氛，在後者的情況下，除了要展示主人的慷慨、威嚴，同時針對受邀客人的

圖4-4　塔列朗

重要性和等級，必須要有對應的出餐方式。

在這種帶有功能的宴會餐桌上，料理當然也非常重要，但在能自由創作這個意義上，以甜點裝置藝術為首的裝飾甜點，才有可能成為主角。而且對於作為背景的餐具和桌布等細節，也必須小心處理。卡漢姆和塔列朗的目標，是維持過往舊制度的絢爛、宏大，以及包含古典主義微妙差異的優雅和效率，換句話說，這就是甜點的帝國風格。

撼動歷史的甜點

一八一二年，塔列朗被拿破崙禁足於自宅，之後在一八一四年三月三十一日透過反拿破崙聯軍入侵巴黎的機會重回政界。拿破崙在俄法戰爭敗北後，過往同盟的歐洲各國國王開始叛離，改和俄羅斯聯手，與法國為敵。之後聯軍在一八一三年十月的萊比錫戰役（又稱「民族會戰」）打敗法軍，於隔年進入巴黎。

塔列朗為了歡迎攻入巴黎的聯軍，在自家舉辦宴會。然後任命卡漢姆擔任廚師長。這個餐會是個重要的宴會，目的是要說服俄羅斯皇帝和法國元老院成員，最好的解決方法就是讓拿破崙的「帝國」消失，改由波旁王朝，也就是讓路易十八復辟。一八一四年四月一日，拿破崙被迫退位後「帝國」失效，塔列朗成為臨時政府的首領。

卡漢姆被委任負責這場宴會，一開始，他很討厭要諂媚敵軍，但開始工作後，他就如往常一樣大展身手，讓俄羅斯皇帝深受感動。之後他受邀到俄羅斯，暫時在亞歷山大一世（Aleksandr I）身邊工作。但還有一個說法是，塔列朗讓卡漢姆在俄羅斯從事間諜活動。

此外，根據圖桑—撒瑪《甜點的歷史》一書內容，一八二〇年，卡漢姆在維也納為英國大使製作了非常有名的裝飾甜點。那是以砂糖和蛋白霜製作的五座巨大獎盃，表現出聯軍軍容的作品。其中一座獻給奧地利外交部長梅特涅（Metternich），他在拿破崙下台後，主導了歐洲的體制。

卡漢姆的後半生

於是，向塔列朗效忠的卡漢姆依照主人的指示，為英國、俄羅斯等地的顯貴服務，不過也有無論怎麼請求都遭到他拒絕的情況。卡漢姆陳述他的理由：「我喜歡法國，所以難以離開法國。」

卡漢姆晚年為詹姆斯・梅耶・羅斯柴爾德家族（James Mayer Rothschild）服務，這個家族不僅在法國，更是歐洲首屈一指的銀行家，在金融業大展身手，據說主人和廚師彼此都很滿意。從卡漢姆的立場來看，羅斯柴爾德夫婦願意為了料理支付大筆開銷，而羅斯柴爾德夫婦則認為卡漢姆不只是偉大的廚師，更是完美的餐桌藝術顧問。而且羅斯柴爾德家族除了在財政方面支撐法國的復辟王朝，就整個歐洲而言，則是在金融上支撐梅特涅體制的國際財閥。

除了甜點裝置藝術，卡漢姆在甜點製作上也有許多革新。其中之一就是在工具上下了很大的工夫，擠出麵糊和鮮奶油的擠花袋就是他的代表作。在還沒有今日這種擠花袋和金屬蓋子時，鮮奶油是用湯匙一個一個舀出來擺放的，據說在波爾多地區開發出能更輕鬆做出確實形狀的圓錐形紙袋之後，將其改良成布製擠花袋的就是卡漢姆。

卡漢姆在一八三三年去世，他活躍的時期大約從第一帝國時期開始到復辟王朝時期（參照P164），是身處舊制度時期逐漸衰退的料理傳統，和拿破崙之後由資產階級所帶來的新料理傳統兩者夾縫間的廚師、甜點師傅。甜點裝置藝術是與國王身分相稱的建築小模型，可說是只有被英國攝政皇太子（喬治四世，George IV）、俄羅斯皇帝亞歷山大一世和奧地利宮廷都雇用過的卡漢姆才有的自信與企畫產物。而且就好像象徵傾向新晉的資產階級料理那樣，他成了政治家塔列朗、巴黎銀行家詹姆斯．梅耶．羅斯柴爾德的廚師長。這兩人在全歐洲都是能供應最佳料理的美食家，並以此聞名。實際上，卡漢姆的料理和甜點對後來的主廚、甜點師傅而言，就是一種古典代表，要說卡漢姆之後的法國料理和甜點只不過是稍微修正卡漢姆的東西，是一點也不為過的。

要說到卡漢姆的後繼者，其中一位就是於爾班．杜柏瓦（一八一八～一九〇一年）。他一開始是羅斯柴爾德家族的廚師，後來成為接掌卡漢姆工作場所的安斯（Hans）的徒弟，甚至還成為俄羅斯貴族奧爾洛夫公爵（Orlov）和普魯士國王（König von Preußen）的宮廷廚師長。他深受卡漢姆的影響，認為料理是一種科學、藝術，比起建築，更加沉迷於雕刻，他將非常講究、精緻的裝飾堆疊在底座與花邊上，設計出複雜微妙且細緻的城堡和古代遺跡等作品。

包法利夫人的結婚蛋糕

雖然甜點裝置藝術是舊式貴族傳統最後的繁花，但注重節約的資產階級慢慢遠離了這個華麗的世界。儘管如此，裝飾甜點還是稍微趨向小型化，為生日紀念和結婚典禮的場合增添光彩。

於是遺留到現代的裝飾甜點中，就有著「泡芙塔*」這種甜點。一般認為由卡漢姆研發的這種甜點裝置藝術，原本是製作了許多以焦糖覆蓋的小甜點，將這些小甜點不斷堆疊在派皮上，堆成圓錐狀，再裝飾牛軋糖和杏仁糖。之後堆疊的食材變成小泡芙。在結婚典禮上，會在金字塔狀的泡芙塔上裝飾砂糖工藝做成的糖花和薄紗緞帶。頂端放著的一對人偶，當然就是新郎和新娘。除了結婚典禮，這種甜點也成為盛大儀式、洗禮儀式和第一次聖餐儀式中不可或缺的。

此外，在古斯塔夫．福樓拜（Gustave Flaubert，一八二一～一八八〇年）於一八五六年出版的小說《包法利夫人》中，出現了甜點裝置藝術風格的「結婚蛋糕」。小說主角愛瑪和鄉下醫生夏爾．包法利結婚，但愛瑪因丈夫的平庸、乏味的婚姻生活產生幻滅感，於是開始追求從小就有的羅曼蒂克夢想。她和兩位男性陷入外遇關係，在這個過程中向人借錢，還被情人背叛，最後夢想完全被打碎後自殺。接下來所描述的，就是愛瑪和包法利先生結婚典禮上的場景。

為了做塔皮點心（tart）和牛軋糖（nougat），特地從伊沃托鎮找來甜點師傅。甜點師傅因為第一次來到這塊土地，做任何事情都特別小心翼翼。上甜點時，他親自端來一道甜點作品，讓大家大吃一驚。首先是底層的部分，這是由藍色方形紙板搭建的神殿，當中有迴廊及廊柱，周圍排列著仿灰泥的小人像，神龕則鑲嵌著金色紙星星。第二層則是以海綿蛋糕做成的眺望樓，周圍有白芷蜜餞、杏仁和葡萄乾做成的小堡壘。最後，最上層的平台是一片綠色原野，在那裡有岩石山和果醬做成的湖泊，以榛果殼做成的小船漂浮在湖中。原野上還有小小的邱比特在巧克力鞦韆上盪來盪去，鞦韆兩端的柱子頂端是兩朵仿造珍珠的真正玫瑰花苞。

這簡直就是鄉村版的甜點裝置藝術。文中提到的「塔皮點心」等同「tarte」，「牛軋糖」則等同「nougat」。根據尼古拉．亨堡爾（Nicola Humble）所寫的《蛋糕的歷史故事》（*Cake: A Global History*，二〇一〇年）一書所述，這個分成三層的甜點裝置藝術反映了小說的結構——分成三部的小說形式、三個重要的喜宴，以及出現在愛瑪人生中的三位男性。而且還指出這個做起來還不成熟的鄉村風格甜點裝置藝術，使用了粗糙的厚紙板、金色紙張和果醬，以依樣畫葫蘆的方式模仿都會、宮殿的講究高貴特質作結。據說這是預感到結婚之後，愛瑪的野心無法被滿足，會產生不滿。

夏洛特蛋糕和杏仁奶凍

卡漢姆和杜柏瓦為了王侯貴族及其他上流階級人士，競相製作甜點裝置藝術，但單單這種大規模、宴席用的甜點，並非完全是他們的真本領。十八世紀，尤其是十九世紀的糕點師傅，決定了延續到今日的甜點基本規則，在這個意義上也是相當重要的。過往的甜點當然有一般的通稱（蘋果塔或是香草冰淇淋之類的），但不太會取有個性的名字，也不太共享作法。然而，從這個時期開始，因為糕點師傅開始撰寫記載了明確食譜的書籍，由創作者決定的名稱、形狀、材料、作法及裝飾等基本規則越來越清楚，大家開始認為必須要守護這些東西。老實說，也有許多不清楚創作者或取名者是誰的情況，但在十九世紀，相當多的甜點食譜被共享，並留存到今日。

在此介紹一個由卡漢姆取名、規範作法的甜點。卡漢姆讓許多平民甜點變得更講究，其中之一就是「夏洛特蛋糕*（Charlotte）」。十八世紀末期，從英國傳入的甜點就是這種蛋糕的原型，原本是摻雜撕成小塊的海綿蛋糕（或布里歐）、含白酒的鮮奶油，以及紅色水果果凍或蜜餞的糕點。不過在法國，則是在塗著奶油的圓形烤模周圍，排列一圈海綿蛋糕或是軟綿綿的輕巧餅乾，在中央放入糖煮蘋果，加入肉桂和檸檬增添香氣再進行烘烤，並以卡士達醬覆蓋在上面。

卡漢姆針對這個甜點進行加工改良，並取名「夏洛特蛋糕」。光是夏洛特蛋糕，卡漢姆就研發了幾十種類型，但特別有名的據說是獻給俄羅斯皇帝的「俄式夏洛特蛋糕（Charlotte à la Russe）」。俄羅斯夏洛特蛋糕不用加熱，是冷卻後再吃的甜點。先在夏洛特蛋糕烤模中排好烤成薄片的餅乾，再倒入香草風味的芭芭羅瓦（Bavarois）材料，且通常會將餅乾先浸泡在利口酒或咖啡中。其實卡漢姆本人為這個蛋糕取的名字是「巴黎夏洛特蛋糕」，但在俄羅斯料理大流行的第二帝國時代，不知道為什麼，蛋糕的名字就被更改了。

卡漢姆也針對另一個甜點「杏仁奶凍*（Blanc-manger）」進行了詳細說明。這是用杏仁粉和明膠作成的甜點，在第一帝國末期開始普及。好像是起源於朗格多克地區（Languedoc）的鄉土甜點，實際上可以追溯到中世。在中世，這是加入杏仁和蜂蜜的附加菜餚。卡漢姆設計的食譜，是在杏仁牛奶中以萊姆酒、香草、咖啡、櫻桃酒（Maraschino）以及枸櫞（大型檸檬）等食材增加香氣。此外，卡漢姆在書中也提到一件事，杏仁奶凍的材料是同樣摻雜了發泡鮮奶油和以蛋黃為基底的黏稠蛋黃液，而這就是芭芭羅瓦的原始食譜。

各式法國甜點

在此介紹幾個在十九世紀登場，至今仍未完全式微的法國甜點。

●閃電泡芙（Éclair）

據說這個甜點是在一八五〇年於里昂製作出來的，是以泡芙麵糊製作的甜點。一開始是將磨碎的杏仁加入麵糊中攪拌，不久之後就不再使用杏仁，開始在麵糊中填滿咖啡、巧克力和鮮奶油等材料。上方則會塗滿和內餡搭配的糖衣。

●巴黎布雷斯特泡芙（Paris-Brest）

十九世紀末期，位於巴黎西北部郊外城鎮梅松—拉斐特（Maisons-Laffitte）朗基爾路上的一家甜點店，據說是為了紀念通過自家店前的自行車賽而製作出這種甜點。這是連結巴黎和布列塔尼地區的布雷斯特的比賽。店家以泡芙麵糊做出類似自行車車輪的形狀，在兩個「車輪」間填滿奶油霜，奶油霜的餡料是烤過的蛋白霜和果仁醬（Praliné）（即「堅果糊」），然後在上面撒上杏仁。

●法式千層酥（Mille-feuille）

這甜點以派皮和卡士達醬一層一層堆疊製成。將奶油和麵粉疊成層狀做出來的麵皮帶有些微鹹味，麵皮和卡士達醬搭配在一起的滋味絕妙，獲得許多人讚賞。據說這是十九世紀初期，由甜點師傅魯熱設計出來的甜點。美食家葛立莫・德・拉・黑尼葉（Grimod de La Reynière）大肆讚揚這是一種天才般的精巧手工作業。魯熱製作的法式千層酥食譜的詳細內容並不明確，短時間就被大眾遺忘。不過，一八六七年位於巴黎巴克街的一家甜點店，以折疊六次的派皮製作了法式千層酥，廣受大眾好評。麵皮之間夾著卡士達醬，上層則是塗滿杏子果醬後再淋上糖衣，側面則覆蓋著烤過的杏仁。

●聖多諾黑泡芙（Saint-Honoré）

據說這個甜點是在巴黎高級商店街——聖多諾黑街上的一家甜點店，於一八四六～一八四七年製作的。本來是在皇冠形的布里歐中填滿卡士達醬。不過這家甜點店的聖多諾黑泡芙，據說吸收水分放置兩小時後，麵體就會軟化。之後，朱利安（Julien）三兄弟稍微進行改良，以揉捏過的派皮取代布里歐麵體，在邊緣和上方將小泡芙排成皇冠形，並將小泡芙烤得酥酥脆脆，這樣即使和水分接觸，整體也會更加耐放。

●修女泡芙（Religieuse）

這款表示「修女」之意的甜點，似乎是因為外型和披著面紗的修女相似而有此一名字。大大的泡芙上放著小顆泡芙，從上方澆淋融化的巧克力或咖啡。據說一開始的成品是巴黎甜點店「Chez Frascati」在一八五六年製作出來的。

●反烤蘋果塔（Tarte Tatin）

這是大家都知道的一種蘋果塔，在派皮上直接擺上滿滿的蘋果片。一八九〇年左右，在法國中部索洛尼地區（Sologne）的小鎮拉莫特伯夫龍（Lamotte-Beuvron），有一對姊妹經營了一間附設餐廳的旅館。這是一家人氣商店，每天都有絡繹不絕的客人造訪。有一天，忙碌慌張的姐姐史蒂芬妮打算製作蘋果塔時，忘了在塔模鋪上派皮，只烘烤了蘋果。原以為會做出大大失敗的作品，結果臨機應變的妹妹從上方蓋上派皮繼續烘烤，打算之後將其顛倒放在盤子上。結果如何呢？蘋果因為和奶油、焦糖一起烘烤後產生焦糖化，變成帶有光澤的米黃色，大受客人歡迎。當時的美食評論家庫農斯基（Curnonsky）偶然經過這家店，他吃了這個蘋果塔後大為感動，據說在巴黎介紹這道甜點後，就讓它大受歡迎。

●愛之井（Puits d'Amour）

這個名字的意思是「愛的水井」，是一種小型圓形甜點。先製作雙層的折疊派皮，以這個派皮為容器，在裡面填滿香草風味或含有果仁糖的卡士達醬和果醬，接著在表面塗滿砂糖，再進行烘烤使其焦糖化。原本的食譜是在派皮夾層填滿醋栗果醬，這個食譜出自廚師文森．拉沙沛勒在一七五三年撰寫的《現代廚師》，他是龐巴度夫人和路易十五的廚師。不過，十九世紀時，經在巴黎相當活躍的史特雷、柯克蘭（Coquelin）和波爾達魯（Bourdaloue）三位廚師討論以後，才將甜點做成現在這種形狀。一般認為，這個甜點是以一八四三年在巴黎喜歌劇院上演的歌劇《愛之井》來命名。

第 5 章

資產階級的愉悅

巴黎的甜點店

復辟王朝

拿破崙在一八一四年垮台後，第一帝國就此崩解。之後是瞬息萬變的政體交替。若要一一列出，就是復辟王朝（一八一四～一八三〇年）、七月王朝（一八三〇～一八四八年）、第二共和（一八四八～一八五二年）、第二帝國（一八五二～一八七〇年）、第三共和（一八七〇～一九四〇年）。此外，在這些政體的交替期，還夾雜了革命和戰爭。換言之，就是七月革命（一八三〇年）、二月革命和六月暴動（一八四八年）、拿破崙三世政變（一八五一年）、普法戰爭（**Franco-Prussian War**，一八七〇～一八七一年）戰敗和巴黎公社（一八七一年）。

造成這樣政體不穩定、短期交替的原因，是保皇派、共和派和波拿巴派聚集各自的夥伴提出政治主張，而且自身內部也出現細分化，顯示出要真正完成國家統一的難度。但另一方面，也意味著這些透過法國大革命提出的理念，要滲透到周邊範圍會很花時間。此外，這也表示，若這些理念要真正扎根於法國，不只要在法國國內傳播，甚至必須普及到國外。

拿破崙垮台後，遵循眾多外國意見的塔列朗發揮作用，使得波旁王朝復活（復辟王朝），由在斷頭台被處刑的路易十六之弟路易十八（一八一四～一八二四年在位）即位。路易十八企圖與自由主義的資產階級友好相處，雖然將王權規定為神聖不可侵犯，但還是以國王授予的形式，制定了收割法國大革命成果的憲章。然後決定了參議院和透過限制所得的選舉選出的眾議院，實行保守但比較穩健的政治。在路易十八的統治期間，也出現過拿破崙的「百日王朝」（參照P143）。

路易十八在一八二四年去世後，由他的弟弟查理十世（Charles X，一八二四～一八三〇年在位）繼承王位。查理十世和哥哥不同，不懂為何無法回到革命前的狀態，他於一八二五年舉行加冕儀式時，打算恢復舊體制，幫助貴族和天主教勢力。不僅如此，他還通過法律，補償被驅逐出境和沒收財產的貴族，以及嚴懲褻瀆神明的行為。他甚至依賴希望恢復舊體制的「極端保皇黨」，但這種保守姿態引來資產階級的反感。

七月王朝

一八三〇年，保守的波利尼亞克（Polignac）首相制定了限制報導自由的法律，以及越改越糟、對大地主有利的選舉法。法令公布後，民眾在巴黎發起暴動，和政府軍發生巷戰，國王查理十世被趕下王位，這就是「七月革命」。七月王朝就此成立，在迎自奧爾良王朝（Maison d'Orléans）的國王路易・菲利普一世（Louis Philippe I）的統治下，法國邁向工業化發展，和銀行與大企業結合的資產階級開始占據社會統治階層。然而，選舉制度還是有極大的限制，只有貴族和大資產階級擁有選舉權。國王就像是個好家長一樣，企圖保護他們的利益。人稱「證券商之王」的路易・菲利普是具有權威主義又有謀略的策士。不過，這種情況卻導致政治家墮落、腐敗，政權逐漸失去支持。

在七月王朝時期，農業總生產雖然增加許多，但因為收成欠佳，穀物價格高漲，貧窮沒有土地的農民和農業勞工經常發生暴亂。從一八四六年開始，經濟危機也越來越嚴重。另一方面，透過工業革命增強實力的市民階層和勞工也對七月王朝有所不滿。一八四八年，勞工和小市民以強硬態度向政府提出擴大選舉權的要求，但政府拒絕了這個請求，所以巴黎民眾奮起，爆發「二月革命」。路易・菲利普逃亡到英國，第二共和就此成立。

拿破崙三世的政治

不過，第二共和一開始很不穩定，原以為是勞工發起的六月暴動，保皇黨的勢力卻越來越大。到了十二月，拿破崙的侄子路易．拿破崙（Louis Napoléon）從逃亡地回國，他出馬競選總統並當選。一八五一年，他發動政變，修改了讓自己成為總統的那部憲法，在第二年就任皇帝（拿破崙三世），開啟第二帝國。第二帝國從一八五二年開始到一八七〇年為止，持續了二十年左右。

拿破崙三世最初施行權威主義體制，限制了報導自由。即使如此，因為法國經濟繁榮，很少有人公然反對，但反對派卻受到壓迫。其中之一就是以《悲慘世界》聞名的作家維克多．雨果（Victor Hugo，一八〇二～一八八五年）。同為政治家的雨果雖然一開始支持路易．拿破崙，但隨著他推行獨裁統治後，就變成反對派，他最初是逃到比利時，接著逃亡英吉利海峽的澤西島（Jersey）、根息島（Guernsey），並發表譴責拿破崙三世的作品。

不過，從一八六〇年開始，第二帝國變得更加自由化，因為拿破崙三世失去了教宗的支持。他支持皮埃蒙特薩丁尼亞國王，幫助義大利進行統一，但此舉與教宗的利害關係相反，觸犯了其逆鱗。此外，在國內部分，和英國締結自由通商條約一事，引發了害怕與英國競爭的企業家們的不滿，所以他打算借助自由主義者和民眾的力量。

他在一八六四年賦予勞工罷工權就是典型的例子。此外，他創立勞工的互相扶助基金，更讓勞工也能批判政權。一八七〇年，議會進行改革，政府由議會的多數派組成。這代表大臣要對議會負起責任，成為議會帝國。這樣一來，政治看似變得更加民主化，鞏固了第二帝國的基礎，但法國在受普魯士首相俾斯麥（Bismarck）挑撥而掀起的普法戰爭（一八七〇～一八七一年）中戰敗，拿破崙三世被俘，此後這一切都化為烏有。

工業革命和階級社會

在政治體制屢次轉換之降，法國社會也逐漸出現具體的變化，那就是較晚出現的工業革命以及資本主義的發展，從纖維工業逐步邁向金屬工業。七月王朝時期是法國工業化開始的時期，尤其是在鐵路發展上，有特別突出的表現。當時的首相基佐（Guizot）以「成為有錢人」這句話展現新社會的信念。在後來的第二帝國時期，按照工商業資產階級的期望來施行政策，進行許多公共事業和金融改革，工業發展更加活躍。

但另一方面，工業革命也造就了新的階級——勞工（無產階級）。雇主以很低的薪資雇用他們從事繁重勞動，使得他們不斷受傷、生病，逐漸落入悲慘處境。看到這種狀況，後來被稱為「空想社會主義者」的聖西門（Saint-Simon）和夏爾・傅立葉（Charles Fourier）希望能建立新的社會秩序，因而成為社會主義思想的源流。他們這些人的目標就是重組一個社會，這是以科學家、工程師、企業家、藝術家作為工作者聯盟的工業體制社會，是沒有壓榨和壓迫的社會。另一方面，路易・布朗（Louis Blanc）和普魯東（Proudhon）的社會主義理論，則是打算矯正虐待無產者的社會不公義情況，批判資本主義，構思勞動組織化。

總之，這個時代的主角是銀行家、貿易商、工廠經營者這些資產階級，依靠投資維生的人也開始橫行霸道。他們取代以前的貴族，制定都市生活的基調，決定市民價值的所在。在這種資產階級眼中，反映出近代工廠勞工是一個危險的階級。法國大革命在初期以資產階級為中心發展，但革命進行到某種程度之後，資產階級的理想社會一旦實現，他們就不希望再有革命發生而趨向保守。不過，其中被遺留下來的勞工團結一致，慢慢建構出獨特的世界。在七月革命以後的各個革命、暴動中，勞工總是站在最前方，和政治與社會進行不合理的戰鬥。

資產階級的飲食生活

那麼，時代的主人翁資產階級，期望著怎樣的生活？又要如何去實現？他們珍惜家人，家就是他們的王國。和衣服相比，衣櫃、桌子和梳妝台等家具成為主要消費。在家具上，他們喜歡流暢曲線、蛋形、橢圓形、魚鱗、貝殼、螺旋、落葉小喬木、花卉裝飾等圖案。理性和啟蒙的時代，也是裝飾的時代。他們也珍惜眾人能夠團聚在一起的餐廳，將此處視為令人心情平靜的場所，注重那些日常用具、裝飾。另外也打造了單人房間，在房裡閉門不出，作為寫信、讀書的私人空間。

資產階級的飲食以貴族為範本。十七世紀以後，貴族毫無節制地大吃大喝、混雜使用異國風香料的舊風潮早已衰退，飲食方法和新的文明化並進（參照P118）。在王權強化下，軍事上的力量日漸薄弱，從政權上被排除的貴族也在餐桌的精彩之處發現自己的價值。十七世紀的新料理，捨棄了異國風的香料，反而開始熱烈擁抱法國原住民的香草食材，並賦予其文化意義。所以「高雅飲食」逐漸成為法國文化範本的主要元素。這個動向在十八世紀也一直持續著，餐桌成為收穫啟蒙主義甜美成果的場所。此外，如同先前提過的，女性角色使得餐桌變得更講究，並成為能夠刺激感官之物。貴族的價值觀改變、偏好男女同桌，讓這個時代的法國料理變得更加細膩、美味。

圖5-1　資產階級的家庭

菲利普二世・奧爾良公爵（Philippe d'Orléans，一六七四～一七二三年）是路易十五的親戚，擔任攝政職務，他在皇家宮殿舉辦了細膩且充滿色情意味的餐會。大家待在那裡，直到早晨都完全置身於佳餚和歡樂中。路易十五自己也會在凡爾賽和布洛涅森林的米埃特城（Château de la Muette）舉辦宴會，其中又以巴黎近郊的舒瓦西城（Château de Choisy）的「小宵夜」最廣為人知。這不是正式宴會，而是內部聚會，也會招待優雅、才華洋溢的貴婦，是沒有隔閡、一起同樂的別緻餐會。有時國王也會自己烹調，讓大家更開心。

即使縮小規模，十九世紀的資產階級也打算在自己親密的家庭裡，模仿這種貴族的理想飲食。資產階級以消費行動來表現新獲得的財富和地位。然而，珍惜私人世界同時也是資產階級的理想狀態，所以他們感興趣的主要事物和開銷，不在家庭之外，而是針對家裡，尤其集中在擁有優質的餐飲。此外，咖啡館和餐廳作為家庭的延續，一直被視為具備公共和私人要素的場所。

不過，到了一八三〇年代之後，資產階級的生活風格變得外向，開始炫耀其地位的象徵，尤其是女性的服裝變得很華麗。他們堅信自己的階級勝利，開始將外面的世界、馬路和大街視為自己的領域。

花色小蛋糕的樂趣

早期的資產階級確實很珍惜以女性和小孩為中心的親密家庭生活，會在家裡飲用咖啡和巧克力，同時搭配甜點一起享用。他們會出門進行短程旅行（小旅行），也會在布洛涅森林騎馬或騎自行車。休息時，除了啤酒和茶，似乎也有很多人會享用甜點。當然資產階級也不會忘記光臨小酒館、餐廳、俱樂部和欣賞戲劇等等。

和資產階級這種簡單樂趣相稱的甜點「花色小蛋糕」便於焉誕生。一開始這種甜點被稱為「小點心（friandise）」，是指在平常的飲食外，大多只是為了快樂而享用的東西，其中包含甜食和鹹食。十四世紀中期，法國人就已經開始使用這個詞彙，當初好像是用於宮廷食物，但在文藝復興時期之後，開始用來指稱小糖果。貴族和上流市民，尤其是貴婦會在召開的派對中提供這種小點心，喜歡這種甜點的美食家被稱為「frian」（指女性時是「friande」）。在第3章出現的沙布雷侯爵夫人正是以「friande」之名遠播。她在一七九六年，也就是革命動盪尚未覺醒時期出版了《小點心入門》一書。

到了十九世紀，「小點心」一詞已經式微，開始使用「花色小蛋糕（petit four）」一詞。這個字本身要追溯到十八世紀，意思是「殘餘的熱度（à petit four）」。在以石頭堆疊打造烤爐的時代，小型烤製食物就是燒烤完主要食物（肉類料理之類的）後，再用幾乎已熄火的殘餘熱度去烘烤。

一般認為，這些小蛋糕的起源，可能是十六世紀從義大利傳來的各種小型甜點。在十九世紀的資產階級社會，則是把它當作搭配下午茶的食物，極為重視這種甜點。這種小點心原先基本上是以手工製作，在家庭中是作為女兒的優雅興趣，由母親教導製作方法，供應給家人和客人。

一八六二年，法國西北部的南特誕生了第一間花色小蛋糕工廠。在工廠製作出來的是一種小型餅乾，形狀接近正方形的長形，邊緣為鋸齒狀。麵團是由麵粉、砂糖和奶油製成。當然，也有其他形狀的餅乾。也有將大一點的糕點（閃電泡芙和水果塔）縮小的新鮮花色小蛋糕（「新鮮（frais）」是「乾燥（sec）」的反義詞，指無法長期保存的食物），還有在水果上淋上各種糖衣的小蛋糕。

資產階級一到星期日，就會在早上當一個善良虔誠的市民，到地方教會出席彌撒，但一離開教會，就立刻前往當地最好的甜點店，請店家將有名的甜點裝滿紙袋，小心翼翼地外帶回家，這就是他們的一大樂趣。他們會將這些食物當作和家人一起吃完大量早餐後的甜點塞滿嘴裡，這就是被人稱為「美好年代」的時期，簡樸卻最值得開心的事。

花色小蛋糕除了是下午茶搭配的甜點，在午餐和具有一定水準的派對中，也是不可或缺之物。此外，正宗甜點中也會加入花色小蛋糕，而且也很常在甜點上完之後，供應「精緻小點（mignardises）」這種小型甜點。

沙龍的繁榮

話說回來，用花色小蛋糕招待客人的機會就在「沙龍」中。十八世紀的巴黎，貴族舉辦沙龍相當興盛，即便是在革命後或者是復辟王朝直到二月革命為止，貴族們都四處舉辦高雅聚會。貴族打算藉由獨特的社交方式，守護自己的身分和存在價值。這個基礎單位就是沙龍。尤其是在聖日耳曼市郊、聖多諾黑市郊、紹塞昂坦和瑪黑這四個地區，都以巴黎社交界的特權場所聞名。

沙龍的規模，根據不同的日期、時間帶也會有所差異。下午剛開始的時段，貴族女性只會為非常親密的幾個人，或精挑細選的政治家和文人敞開大門，到了傍晚四點，就會迎接不斷出現的幾十個熟人，晚宴時甚至還會有幾百人的舞會。在七月王政時期，貴族女性一週選擇一天，大約從下午兩點到七點之間迎接客人的習慣開始固定下來。女性為了舉辦各自的小型聚會，「四點」時一定會待在家裡，招待社交界的男性政治家和藝術家，「四點」就像是意指各個沙龍的舉辦日。在那種地方，與其說自己的丈夫會被排除在外，倒不如說他必須出入其他女性的沙龍。一般認為賣弄夫婦間的親密關係是庸俗

圖5-2　巴黎的優雅沙龍

且最糟糕的事情。

沙龍有「小日子」和「大日子」的區別，侯爵夫人、公爵夫人在「小日子」只會招待親密的人。「大日子」則是會舉辦舞會之類的大規模沙龍。她們經常告訴受邀客人：「別忘了我的星期二」「別忘了我的星期四」，這成為高貴夫人們的習慣。在沙龍演奏音樂、唱歌，以及朗讀，大家炫耀才智、宣傳自己。而這樣的沙龍會在傍晚四點供應茶飲和甜點。

然後大家就互相較量知識，提出自己的意見，像是「偏愛哪一家店？」「哪家店的甜點很美味？」這對女性而言也是非常重要的事情。

戈達爾夫人在斯萬夫人的沙龍如此說道：「**我常去布內博內買花色小蛋糕或各類蛋糕，但那裡販賣的冰點心實在不行。如果要買冰點心，不論是芭芭羅瓦還是雪酪，雷巴特的手藝都很精湛。**」（《追憶逝水年華2　第二篇　在少女花影下I》有時他們也會在沙龍玩「咖啡館遊戲」當作消遣。女性假裝是咖啡館女店主，戴著小帽子，披著三角形披肩，圍著薄紗圍裙，吧台上還擺放著柳橙、甜點、傳單和宣傳冊子之類的東西。

在十九世紀，沙龍不只是貴族的範本，而是整個中流階層的範本。資產階級暴富的證據，就是他們雇用女傭人、舉辦沙龍的時期。許多官員、職員、校長和教師的妻子會舉辦沙龍。資產階級也以撲克牌遊戲和跳舞作為消遣，飲用糖水和檸檬水，嘴巴塞滿剛出爐的熱騰騰布里歐、花色小蛋糕。不過資產階級的沙龍，無論如何也只是對貨真價實貴族沙龍的滑稽模仿，這是其悲哀之處。

巴黎的輝煌和中央市場

法國甜點的特徵與其說是在家裡製作，不如說是徹底屬於專家的世界。所以主婦就算不自己製作也無妨（不過花色小蛋糕則算是例外）。發現喜歡的店家，每週經常去那裡購買，或是在節慶、紀念日的時候，請人家特別製作，這是極為平常之事。

不過，新店一家一家陸續開設，大家一定會想去看看有名的店家吧。所以找尋這種店家就成為一種流行。或是偶爾試試閒晃途中遇到的甜點店，這也是一種樂趣。

十九世紀也是巴黎越來越輝煌的時代。在拿破崙三世治下的一八五五年巴黎萬國博覽會，以及一九〇〇年的萬國博覽會期間，數量驚人的旅行者蜂擁而至，後者在六個月內聚集了五千一百萬人。不只是法國，巴黎也展現出世界的精華所在，成為獨一無二的都市。

一八五〇年代，塞納縣奧斯曼男爵（Haussmann）提出一個對策，打算拆毀中世小條又不規則的馬路，建造筆直大道。奧斯曼整頓了道路交通網絡和上下水道，完成鐵路幹線，並改革產業結構。雖然民眾對其功蹟毀譽褒貶不一，但這個做法從根本上改變了巴黎的樣貌。為了避免滿是泥巴塵土，政府鋪設好道路，道路兩旁則林立著美麗建築物，在在都讓頭一次看到的人深受感動。

然而，我們也不能忽視一個情況，那就是這種合理性和「社會挑選」是不可分離的。換言之，就是區分成圍繞凱旋門的大馬路附近高級住宅區的西部地區，以及師傅、勞工世界的東部地區——「從瑪黑區和巴士底廣場附近連接到貝爾維爾大道、梅尼蒙當大道的地區」，以此作為分界線，中央市場的存在越來越顯眼。

一八五七年到一八五八年建造的新巴黎中央市場，拆掉了老舊無秩序的小店，打造寬廣筆直的大馬路。那裡的空間輕盈、時髦且明亮，以鐵和玻璃打造的展示館展現出巨大建築群的樣貌，讓人們大吃一驚。以《娜娜》（*Nana*）和《小酒店》（*L'Assommoir*）聞名的埃米爾．左拉（Émile Zola，一八四〇～一九〇二年）在《巴黎之胃》（*Le Ventre de Paris*）一書中，就以中央市場為舞台。書中描述的情景令人印象深刻，一大早，裝載蔬菜、水果，及海鮮類的貨車就陸續抵達巴黎中央市場，工人將雞蛋、起司和奶油裝入籃子，將貨物慢慢運送到建築物裡進行拍賣。

這個作品是敘述不滿拿破崙三世的第二帝國，和朋友一起策畫暴動的瘦小、陰鬱主角，誤闖充斥著各種食物的中央市場，雖然他得到許多人的幫助，最後還是被當作不正常的怪物，從這個展開熱鬧騷動的肥胖腹部，換言之就是從市場被排擠出去。此外，在左拉的《小酒店》中，慶祝主角洗衣店女老闆的生日時，出現了寺院形狀的薩*瓦蛋糕（Gâteau de Savoie）。布里歐和巧克力則出現在《萌芽》（*Germinal*）一書中，以此象徵礦山大股東一家人幸福的早晨餐桌。在他的作品中，甜點也發揮了重要任務。

漫遊者的出現

路易．薩巴斯欽．梅西耶（Louis-Sébastien Mercier）的《巴黎圖景》（*Tableau de*

Paris，一七八一～一七八八年）和雷蒂夫·德·拉·布勒托納（Restif de La Bretonne）的《巴黎之夜》（*Les Nuits de Paris*，共八本，一七八八～一七九四年）都是有名的繪畫散步文學。梅西耶在全巴黎四處走動，透過敏銳的觀察之眼批評社會情況，他對於飲食世界也有極大的關心，針對甜點屋、咖啡館、小酒館、市場、市民的餐桌、各種食材提出評論。除了他們這些人，還出現了許多觀察都市，尤其是觀察巴黎，並打算透過語言去捕捉描繪的人。不，應該說即使沒有寫成文章，不聲不響地進入巴黎人群以及在迷途中熱情觀察的人也是多到數不清。

正是十九世紀這種巴黎資產階級的樂趣，人們才會將漫步並習慣這種樂趣的人稱為「漫遊者」。

漫遊者會去哪些地方呢？在巴黎這個地方，即使只是閒晃眺望景色步行，也相當愜意，但如果窺視書店和飲食店會更有趣。服飾店、咖啡館和餐廳也是目標場所。革命之後，城市的商店數量增加，一八一五年之後更是如雨後春筍般冒出。尤其很多食品店會費盡心思展示，因而成為充滿魅力的場所，購物就成為資產階級的一大樂趣。所以十八世紀時為數眾多的攤販、路邊攤因受此影響而遭受損失，數量便慢慢減少。此外在第二帝國時代誕生了百貨公司，伴隨著煤氣燈、玻璃和鏡子的閃耀發光，吸引了充滿購買慾望的客人。

十九世紀是甜點的黃金時代，巴黎和里昂等美食都市接連出現許多糕點師傅，還開設了自己的店家。觀察陳列櫥窗中並排的美味、漂亮甜點，也是漫遊者的樂趣之一。戀人也會牽手享受散步樂趣，經常前往香榭麗舍大道附近的咖啡館吃鬆餅。對於彼此對視互通心意，大口吃下鬆餅的戀人而言，鬆餅散發出一種閒適快樂的香氣。

知識分子的巴黎散步

文人、知識分子也會在巴黎散步、構思點子。以《高老頭》（*Le Pere Goriot*）《幽谷百合》（*Le Lys dans la vallée*）等作品聞名的寫實主義大作家歐諾黑・德・巴爾札克（Honoré de Balzac，一七九九～一八五〇年）最喜歡在巴黎街道上散步，他會觀察餐廳招牌、試著進入餐廳，將其所見當作小說的素材。他是第一個真正在作品中提到美食和飲食場面的作家。過往雖然有描繪食物不足、貧窮境遇的作家（《悲慘世界》的雨果等人），但巴爾札克是在書中提及飲食享受等作為人類性格和人際關係要素的第一人。在他的作品中頻頻出現餐廳場景，而且他會在各種場面中使用飲食這個要素，像是戀人用餐、高級妓女的宵夜、工作時的午餐等等，滔滔不絕地描繪這些飲食內容。還出現吃牡蠣吃得飽飽的人物，或者美食家耽溺美食的情況越來越嚴重、慢慢頹靡不振的人物。

在巴爾札克之後，作家開始積極在作品中描寫廚房和餐桌的情景。像是福樓拜（參照P155）和莫泊桑（參照P64），尤其是先前介紹過得左拉更是重要。

夏爾・波特萊爾（Charles Baudelaire，一八二一～一八六七年）也是以漫遊者身分聞名的詩人。一開始他有著花花公子的作風，之後游手好閒地花光家產，最後成為被逼入絕境的悽慘男子。他始終單身，比別人更熱愛巴黎，混進巴黎一邊流浪、一邊找尋寫詩的素材。每到不同的咖啡館，他都會寫稿、朗讀詩歌。他在《浪漫派的藝術》（*Lárt romantique*）一書中如此敘述：

對完美的漫步者、熱情的觀察者而言，在數量、起伏、動作、逃離與無止境之中，建構住所是一種無限的快樂。在自家以外的地方，卻抱持著無論在哪都像身在家裡的心情；觀察世界、身處世界中心，卻同時隱身於世，這些就是獨立自由、具有熱情、富公平精神的人所擁有的極度瑣碎樂趣之一。但若以言語表達這些事情，只是些笨拙的表現。所謂的「觀察者」，就是享受四處私訪樂趣的王侯。

所謂的「漫遊」，就是一種文明行動，而且也是全新的感覺方式。這是人與人之間，以及與充斥氾濫的物品、商品之間邂逅、交流互動的新形式。這樣一來，充滿商品的巴黎當然就是漫遊聖地。巴黎市民甚至還被大眾形容是住在馬路上。十九世紀是散步的黃金時代。家外面是一種約會地點、自己的棲身之處、生命的源頭，另一方面，似乎也有人覺得自己家反而是冷漠、冷淡的地方。這似乎和領悟「家庭才是我的王國」這種資產階級的精神完全相反，但確實可能存在著這樣的兩面性。

美食家葛立莫的美食指南

到十八世紀為止，無論是多麼豪華絢爛還是堆積如山的料理，法國人品嘗食物的味覺沒有變得更為講究。不，是還不太有「討論」飲食的習慣。美食要有所發展，必須要帶起從各種觀點進行討論的風潮。而達成這個目標的，就是葛立莫和布里亞・薩瓦蘭等美食評論家。托他們的福，對飲食的講究簡直被推崇成藝術，成為社會素質的要素。

美食文學之父——葛立莫・德・拉・黑尼葉（一七五八～一八三七年）是富有的徵

稅承包商的兒子。他在一八〇三～一八一二年撰寫了總共八本《老饕年鑑》，開創了嶄新的寫作類型。後來就陸續出現了以這本《老饕年鑑》為指南，隨意在巴黎步行的美食散步者。

《老饕年鑑》第二冊的副標題是「一個老饕在巴黎各個街道的散步」，從聖多諾黑門出發，到處走來走去，實際對店家進行調查。這裡所謂的「老饕（gourmand）」就是「美食家」之意。在此處記載的，主要是以餐廳、咖啡館、甜點店和食品店為主，尤其列舉了非常多家甜點店。在這本書中，也介紹了餐桌藝術需要的餐具和布品的商家，介紹的內容包括高級地區的餐廳，也有大眾小酒館。

此外，書中內容不只有店家的地點和特徵，還記錄了氣氛、裝飾、推薦料理以及價格，甚至會揭露餐廳的缺點和偷工減料之處，也評價了店主的服務好壞。這本指南書撰寫於拿破崙時代，當時督政府、執政府召開的國民會議從各個地區匯集了許多單身赴任的議員，所以這些人也很重視這本書。

此外，葛立莫是離這個時代最近的美食家，我們也要留意他對甜點和果醬所做的提醒。比起餐廳，他介紹了更多食品店和甜點店；比起外食，他更是以「外帶」客為目標。在甜點方面，本書介紹並評論了陸續研發出來的新產品。此外，他指出奶油在巴黎消費量很大的原因，是因為甜點店大量消費所致，而且清楚寫明大約從二十年前開始，製作甜點的技術就有了急速且長足的進步。

從葛立莫的觀點來說，美食和禮法是緊密結合的。真正的老饕必須理解禮法和生活技術。他的目標可以說是，向經由革命的政治、社會攪拌作用產生的新菁英分子，傳授舊制度的禮法。

布里亞・薩瓦蘭和大仲馬

對美食言論發展更有貢獻的，是布里亞・薩瓦蘭（一七五五～一八二六年）。他是一位愛吃司法官，雖然遭遇法國大革命的處決危機，但他逃亡到美國躲過災難，回國後成為大審院法官。他在工作空閒時寫了《味覺生理學》。從一八二六年到目前為止，這本書已是再版五十次以上的超級暢銷書。

他在這本書中定義了「老饕」的意義，以美食學（美食技術）奠定理論基礎，並以此作為目標。他也將「貪嘴（gourmandise）」和「暴食」「貪食」「嗜酒」放在一起對比，當作社會素質、處事之道給予肯定的評價。其特徵就是特別以科學層面來看待美食。所以在料理方面，他認為教育講座、學院、理論家、實踐家這些都是必要的，同時自己也試圖提出以觀察和經驗作為佐證的「味覺生理學」。他認為這是一種新的科學，與人類生理學和面相學，甚至與化學、解剖學、營養學、歷史和民俗學等學科有關。

不過他的書籍內容並非死板的論述考察文章，而是充滿許多奇聞、忠告、歷史由來、格言（箴言）的文字敘述。在這個過程中，他將法國打造成「美食之國」。與甜點有關的部分，則是將甜點視為「興奮劑」，討論了松露、砂糖、咖啡和巧克力。關於砂糖，在提及砂糖曾經作為藥物的歷史後，他還說明了其各種用途。

將砂糖加進麵粉和雞蛋中攪拌後，就能做出餅乾、馬卡龍、Croquignole和巴巴蛋糕等其他輕盈甜點。這些甜點是最近被稱為「一口甜點師傅」的人們所開發的糕點製造技術的成果。

加進牛奶中一起攪拌就能做出鮮奶油、杏仁奶凍及其他佳餚，將第二道餐點*的結尾做成令人深感愉悅的甜點。因為這與獸肉類的濃厚味道完全不同，能讓人品嘗到細膩、輕盈的香味。

（《美味禮讚（上）》）

他在書中如此敘述，也敏銳地注意到甜點的新構想。

跟薩瓦蘭同名的蛋糕也廣為人知，但其實這並非他所創作的蛋糕，而是朱利安三兄弟在巴黎交易所廣場開設的甜點店，仿效薩瓦蘭之名做出來的甜點。薩瓦蘭蛋糕和第3章提過的「巴巴蛋糕」很相似，差別在於換掉葡萄乾，改加入切碎的柳橙皮蜜餞。以皇冠形的烤模烘烤，冷卻後在中央填滿鮮奶油（卡士達醬或發泡鮮奶油），最後在上面放滿水果。再淋上萊姆酒或櫻桃利口酒糖漿。薩瓦蘭蛋糕與巴巴蛋糕的決定性差異，就是填滿鮮奶油的步驟。

此外，作家亞歷山大・仲馬（Alexandre Dumas，一八〇二～一八七〇年）也以美食家身分廣為人知。他以劇作家身分起家，透過《三劍客》和《基度山恩仇記》等歷史小說取得很大成功。他晚年的作品賣不太出去，生活過得很辛苦，他做好充分準備寫下的最後一部作品就是《美食大辭典》（一八六九年）。這本辭典解說了多達七百五十個條目[*]的料理和食材，除了烹調方法，還收錄許多奇聞，是非常有趣的一本書。大仲馬甚至

＊註：餐點由幾個固定的套餐菜單組成。

充滿自信地表示：「即使沒讀過我所有作品，也應該留下這本書吧。」而他本身似乎也是相當有本事的料理創作者。

佛伊咖啡館和波寇皮咖啡館

在漫遊者的目的地中，類似於甜點店的場所還有咖啡館。革命之前，在皇家宮殿附近有許多文學咖啡館和政治團體經常聚集的咖啡館。皇家宮殿原本是路易十三的宰相黎胥留的官邸，在其死後被贈送給國王。後國王路易十四移居到此，故開始被稱為皇家宮殿（皇宮）。但之後不是國王本人居住在那裡，而是住著王族人員。後來黎胥留時代的建築物被拆毀，建起了以庭園包圍住的建築

圖5-3　正在烹調的大仲馬

物，並作為店鋪出租。咖啡館、餐廳和舞廳等店家搬入這裡，使其瞬間成為一個鬧區，最後演變成一提到「皇家宮殿」，指的就是這個區域周邊。

「佛伊咖啡館」是位於皇家宮殿的咖啡館之一，是革命前雅各賓俱樂部經常集會的地方。「雅各賓俱樂部」就是產生許多由羅伯斯比爾所率領的山嶽派成員的政治俱樂部。一七八九年七月十二日，在革命即將爆發之際，據說身為記者也是政治活動家的卡米爾・德穆蘭（Camille Desmoulins）跳上咖啡館的桌子並拔出劍來，揮舞著手槍大喊：「戴上徽章奮起吧！」

如果宮廷是貴族的社交場所，那庶民的社交場所就是咖啡館。隨著咖啡館林立，冰淇淋也開始在大眾間普及，請大家先記住這一點。舉例來說，先前曾提過，在巴黎這個地方，一六八六年創業的維也納風格咖啡館「波寇皮」（參照P106），就開始供應加入咖啡、巧克力、香草和肉桂等材料的精緻冰淇淋，讓客人開心不已。

之後推出冰淇淋的咖啡館陸續增加，但似乎還是以巴黎為中心的都市產物。在《巴黎圖景》一書中，關於一七八八年的記載裡有以下這段描述：

冰淇淋師傅這種道地的師傅仍舊只存在於大都會。試著前往巴黎之外的地區，想

圖5-4　享用冰淇淋的人們

要遇到加入夏或秋季水果的冰淇淋、加入奶油的冰淇淋、加入櫻桃酒的冰淇淋、波隆那風格冰淇淋，或加入杏仁牛奶等材料的冰淇淋，就必須到處走個一百里格*。這種事情也只有在都市裡才能有真正的進步。

（《十八世紀巴黎生活誌——巴黎圖景　下》）

「咖啡館」即樂園

波寇皮以文學咖啡館之姿而聞名，牆壁上貼著一面大鏡子，天花板的水晶燈閃亮發光。類似的咖啡館在短時間內數量遽增。受到波寇皮的影響，咖啡館的數量在一七二一年達到三百間，一七八九年達到兩千間，在第一帝國時期達到四千間，不論在哪一條小路、小巷，在劇場還是演奏會會場，在河岸還是之後將會提到的拱廊或迴廊，簡直到處都有咖啡館。甚至還出現了這樣一句話：「在巴黎無法逃離咖啡館。」

時髦咖啡館擁有講究的裝飾、華麗照明，擺放的家具都是精挑細選而來，無論是對匆忙用餐的人，還是打算慢慢聊天的人來說都是樂園。樂園從文化中心的凡爾賽宮，轉移到充滿活力的巴黎貴族沙龍，再轉換成資產階級的咖啡館。

以飲料和食物的搭配來說，啤酒搭配有點鹹味的餅乾，苦艾酒則是配上橄欖等食物，而茶和咖啡的基本搭檔就是蛋糕、蘭朵夏（langue de chat）和瑪德蓮蛋糕等甜點。多虧有咖啡館，咖啡、冰淇淋，和甜點才能廣泛普及開來。因為咖啡館也會提供餐點，所以經常也兼營餐廳。

客人會在咖啡館喝咖啡、嘴裡塞滿甜點，或是打撞球、瀏覽報紙，和來到咖啡館的朋友討論事情。革命後，所有階層民眾對於政治的關心都相當高漲；以革命為契機而組織起來的「國民軍」創立，將他們統整在同一個旗幟之下；因為開放自由出版，報章雜誌的發行數量一口氣增加許多，這些因素都有助咖啡館的增加。還有許多帶有政治色彩的咖啡館，像是保皇派的咖啡館、共和派的咖啡館等等，甚至還有商界人士使用的咖啡

＊註：「里格」是法國的古老長度單位，一里格約略等於三英里。

圖5-5　許多人聚集在一起的咖啡館

館。卡普辛大道的咖啡館在巴黎是以最貴族的咖啡館而聞名，據說那些等待主人在咖啡館聊天的馬車都大排長龍。此外，這條大道也以令人自豪的新鮮美味巧克力店和糖果店而聞名。

拱廊和甜點店

咖啡館增加的另一個理由，就是因為巴黎到處可見的拱廊。像是沿著拱廊一般，咖啡館的數量也增加了。

「拱廊」始建於十九世紀初期，於一八二〇到一八五〇年代成為極為興盛且時髦的拱頂街道。許多拱廊會在天花板鑲嵌玻璃，除了出入口，其他地方皆為密閉空間，所以明明是在戶外，卻營造出了室內的氣氛。拱廊的骨架是鐵製的，地上鋪設著乾淨的路面，兩側有成排的商店，商店正面也以大玻璃窗裝飾，店家得意地展示著自己的商品。煤氣燈的照明更凸顯拱廊的美麗。

拱廊隔離了巴黎馬路上的騷動和髒汙，人們行走其中時沒有泥土飛濺的問題，也不會被雨淋濕，還可以享受逛街樂趣，是劃時代的設施。在那裡點亮的煤氣燈，和外面微暗的馬路形成了對比。一八五〇年，巴黎市內共有一百五十個左右的拱廊（現在只留下二十個左右）。原本建造拱廊的目的是為了保護有錢顧客免受惡劣天氣的影響，但這個建設卻馬上受到所有階層人們的喜愛，尤其還成為資產階級的最愛。因為拱廊將他們所憧憬的親密、講究的家庭感延伸到了自家之外。

二十世紀的德國思想家華特．班雅明（Walter Benjamin），闡述了「散步」會讓巴黎街道轉變成室內樣貌的說法，提出關於拱廊的論述。如果有拱廊，連無法期望擁有資產階級那種親密、溫暖家庭的勞工，都能隨時悠閒地經過那裡，進而享受那種氣氛。班雅明提出以下說法：「從勞工角度來看，拱廊就是客廳。拱廊勝過其他任何場所，很顯然地，在馬路上設置拱廊，對大眾而言，就像是家具完善、讓人住得舒適的室內空間。」（《拱廊街計畫第三部》，*Das Passagen-Werk*）

在拱廊裡有許多咖啡館，舉例來說，歌劇院的拱廊以及附帶的兩個迴廊裡面，就有許多知名咖啡館、餐廳和甜點店。二十世紀初期，那裡是路易．阿拉貢（Louis

圖5-6　拱廊的一種，薇薇安拱廊街。從面對馬路的入口進入內部，就是頂層天花板鑲嵌著玻璃的通道，兩側有成排的商店

Aragon）和安德烈・布勒東（André Breton）這些超現實主義藝術家經常聚集的場所。但非常遺憾，這些咖啡館在一九二五年建造奧斯曼大道時遭到破壞。

此外，與皇室關係密切的皇家宮殿及其拱廊、迴廊也有許多咖啡館，貴族、文人和政治家等知名人士經常流連在這些地方。葛立莫和布里亞・薩瓦蘭也是其中的常客。在這些咖啡館中，經營米勒克隆（Mille Colonnes）的女店主羅曼夫人，在一八一五年被認為是巴黎第一絕世美女。以她為目標的顧客成群結隊上門光顧。據說出身於蘇格蘭，著有歷史小說《撒克遜英雄傳》的作者華特・司各特（Walter Scott）也經常出入該店。

公共馬車的出現和鐵路的鋪設

在巴黎大量建造拱廊的此一時期，也發生了移動工具的革命。從一八三〇年代開始，公共馬車（omnibus）就繞著巴黎市區行駛。這是窮人和貴族、男性和女性並肩乘坐的馬車，簡直是十九世紀前半的民主制度標誌。在這之前，有錢人以自家擁有的豪華四輪馬車和敞篷馬車（cabriolet，附折疊式車篷，由一匹馬拉著的二輪馬車）進行移動，沒錢的人則是利用當時數量大約兩千台的街頭攬客馬車。

公共馬車是由三匹馬拉車，可搭載十二到二十人，在規定時間內行駛於規範的路線上，乘客只要向馬車伕或售票員發出下車信號，馬車就會停車，所以非常方便，不管是什麼身分的人都可以利用。據說貝里公爵夫人（La Duchesse de Berry）認為和一到兩個隨行婦人一起乘坐公共馬車就是一種趣味。然而最常利用公共馬車的是資產階級，尤其在十九世紀後半，公共馬車和咖啡館、拱廊等設施都和他們的生活風格密不可分。

另一方面，法國整體的交通革命，就是鐵路鋪設和鐵路網絡的廣大發展。資本主義的恩惠對農村帶來的影響，發生得比都市還要慢很多。儘管領主制度已確實廢除，農民

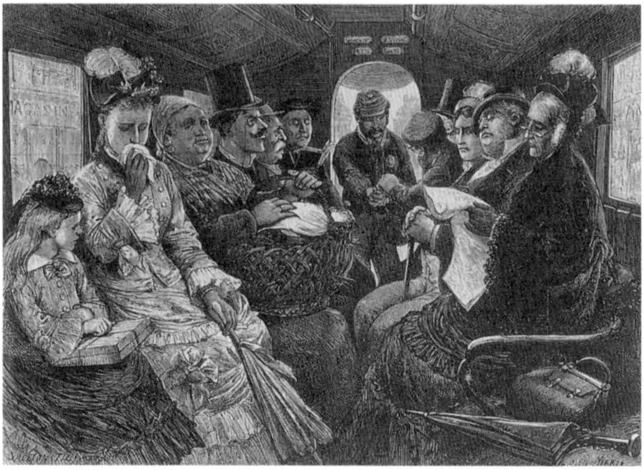

圖5-7　各種身分的人一同搭乘的公共馬車

獲得了解放，但大家仍固守著舊體制下的生活模式。不過，農村和小城鎮在透過道路和鐵路與大都市連結後，不管其意願如何，對於地方都產生了變化。

英國在一八三〇年鋪設了利物浦到曼徹斯特之間的鐵路，運行的是燃燒煤炭的蒸汽火車。蒸汽火車也從一八三二年開始在法國內行駛，但是因為輿論對新科技的反彈、懷疑，以及擾亂舊秩序和針對財政問題產生的不安等原因，大眾很難欣然接受鋪設鐵路一事。不過，因為農工業的急遽進展，帝國和復辟王朝時代修整的道路和水運都無法滿足當代的生活需求，所以在一八四二年之後，鐵路時代便正式到來。

鐵路作為新文明的象徵，開始受到人們的讚揚。從一八四八年的三千公里增加到一八七〇年的一萬四千公里、一九〇〇年的四萬五千公里，鐵路路線以驚人的氣勢延伸發展。為了建造鐵路、行駛火車，煤炭和鐵的需求增加。這刺激了煤炭生產和製鐵產業，並演變成由製鐵業操控政治權力的局面。鐵的時代已經到來。一八八九年，於巴黎萬國博覽會舉行之際建造的艾菲爾鐵塔，便以其高聳的姿態象徵著這個鐵的時代。

集結於巴黎的名產

那麼，透過鐵路路網的整建，地方和中央連結起來以後，飲食文化又出現了什麼樣的變化？以結果來說，與其說是都會風格的食物普及到地方，不如說是比以前還要多很多的地方名產開始匯集到巴黎來。這些東西的內容和數量，根據不同地區的來源有很大的差距，品質有好有壞，但無論是多麼遙遠的地方，都開始將物資送往巴黎。

鐵路網全面鋪設後，法國的農業型態也逐漸產生改變。一八八〇年，農產品的價值從二十五年前的五十億法郎增加到八十億法郎，這都要歸功於鐵路網的鋪設，因為農業開拓了全新的可能性。換句話說，過往田地是為了飢荒做準備而用來種植雜糧，如今開始大量種植在都會市場能高價賣出的作物。其結果就是大麥和裸麥的種植減少，用來製作麵包和甜點的小麥、燕麥等作物的種植增多了。此外，作為砂糖原料的甜菜開始被高價售出，提高貧窮地區變富裕的可能性。

在甜點方面，以往只能在某地吃到，在其他地區不太有名的東西開始被送往巴黎並且聲名大噪。接著又獲得全國性好評，或以「法國甜點名產」之姿聞名國外。舉例來說，波爾多地區的可麗露（Canelé，將以萊姆酒增加香氣的麵團，放入鋸齒紋路的小圓筒模型烘烤到深棕色的甜點）、艾克斯—普羅旺斯的卡利頌（Calisson，在杏仁粉中加入哈密瓜蜜餞等食材再烘烤的小舟形甜點）、北諾曼第地區的布爾德羅酥（Bourdelot，以酥皮包住整顆西洋梨再烘烤的甜點）、利穆贊地區的芙紐多（Flaugnarde，在塔皮麵團加入水果，倒入類似卡士達醬的麵糊再烘烤的甜點）、布列塔尼的焦糖奶油酥（Kouign Amann，在布里歐麵團加入有鹽奶油和酵母，將麵團捏成圓形，使其發酵後再烘烤的甜點）、安茹（Anjou）地區的李子派，以及南錫（Nancy）的馬卡龍，就是這些地方甜點的代表。

普魯斯特和瑪德蓮蛋糕小販

馬塞爾．普魯斯特是二十世紀的知名作家，他的長篇名著《追憶逝水年華》中出現過好幾次有甜點的場景，而且這些甜點都和回憶緊密連結。其中特別有名的，就是濕潤柔嫩的扇貝形甜點——瑪德蓮蛋糕*。漫長故事的開頭，是某個冬日夜晚的貢布雷街上，母親為了讓故事主人翁的敘述者「我」取暖，替「我」端來一杯紅茶和瑪德蓮蛋糕。當「我」將浮著瑪德蓮蛋糕渣的紅茶端到嘴邊，那個滋味讓「我」的腦海自然浮現出兒時的回憶：每個星期日的彌撒前，李奧尼姨媽總會給我浸泡在椴花茶裡的瑪德蓮蛋糕。接著，便從主人翁的幼年時期開始慢慢敘述他的人生故事。

這個瑪德蓮蛋糕是在什麼時候？怎麼樣誕生出來的呢？雖然有許多相關的傳說，但下面這種說法的可信度很高。這故事發生在一七五五年的洛林地區科梅爾西（Commercy），第3章曾出現的前波蘭國王斯坦尼斯瓦夫·萊什琴斯基，在城堡中舉行了一場宴會。然而他的糕點師傅在廚房與人爭吵後，扔下工作不管，做到一半的派皮料理、水果塔都被糟蹋了。不過，在場有一位年輕傭人瑪德蓮·波爾米耶（Madeleine Paulmier），用打蛋器迅速做出祖母教她的甜點。據說這就是受到人們高度讚賞、不久後被稱為「瑪德蓮蛋糕」的知名糕點。

十九世紀中期，瑪德蓮蛋糕的盛名在巴黎已廣為人知。大仲馬的《美食大辭典》和葛立莫的《老饕年鑑》中都記錄了這種甜點。甚至連報紙都報導了小販在皇家宮殿販售

圖5-8　在科梅爾西車站販售瑪德蓮蛋糕的小販

瑪德蓮蛋糕的情景。一直以來，巴黎總是以高高在上的姿態，就像從艾菲爾鐵塔向下俯視那樣，對地方帶有一點輕視的心態，現在卻在這個從洛林地區藉由鐵路運送來的甜點中發現了喜悅。從這個時期到二十世紀初期，瑪德蓮蛋糕的銷售額也急速上升。

在這當中，巴黎到聖特拉斯堡的鐵路發揮了相當大的作用。在該路線經過的科梅爾西車站，女性會在車站月台沿路叫賣瑪德蓮蛋糕。圖5-8就是描繪那種情景的照片（風景明信片）。她們穿著當地服飾，像販售鐵路便當一樣，脖子垂掛裝有瑪德蓮蛋糕的方形大籃子，雙手抱著籃子兜售。火車一進站就急忙奔走大聲吆喝，搖鈴吸引客人。

瑪德蓮蛋糕成為科梅爾西的一大產業，品質逐漸變好，價格也跟著下降，越來越受歡迎。在鐵路鋪設前，瑪德蓮蛋糕一年的產量是兩萬個，但一八四〇年之後，便激增為兩百四十萬個，鄰近都市也開始模仿，打算再造甜點帶動的好景氣。透過鐵路火車，將瑪德蓮蛋糕送到巴黎東站，晚餐後食用瑪德蓮蛋糕成為資產階級、貴族最愛的習慣。瑪德蓮蛋糕就這樣成為巴黎的甜點，也成為法國的代表甜點。

第 6 章

現代法國與甜點

最近由法國開始流行起來的慕絲甜點

第三共和與費理的改革

在普法戰爭（參照P168）被普魯士軍隊抓走的拿破崙三世被廢黜後，臨時政府和普魯士講和，不得不接受的條件就是支付高額賠償金和割讓阿爾薩斯—洛林（Alsace-Lorraine）大部分的領土。巴黎市民因為這個條件以及普魯士軍人攻入巴黎而憤怒不已，於是和目標是解除國民軍武裝的國防政府對抗，建立了自己的革命自治政權——巴黎公社。不過，在短時間內被鎮壓後，第三共和國憲法便制定完成，要讓法國重新崛起，努力建造新社會。第三共和是從一八七〇年到一九四〇年之間的長期政體。一開始雖然也面臨保皇派的抵抗，但和大資本聯合的共和派力量漸漸變大後，便確立統治權。不過也遭遇過好幾次議會制危機。

一八八〇年代，擔任教育部長和兩次總理的茹費理（Jules Ferry，一八三二～一八九三年）制定了三個目標——伸張自由、排除天主教教會對學校的影響，以及致力復興殖民統治所造成的敗戰。舊制度下的法國以基督教為國教，教會和修道院擁有廣大土地，其代表經常擔任政府要職，還掌控著教育界。法國大革命時，這種情況雖然出現了很大的變化，但天主教教會在教育界依舊擁有深厚的影響力。所以費理打算從教會手中收回初等教育，將初等教育義務化、世俗化和免費化（《費里法》，於一八八一～一八八二年成立）的改革，公立學校則由非神職人員擔任老師。教師擔負的使命，就是對學生傳遞共和國的道德觀念和愛國心。之後法蘭西共和國準備將瑪麗安娜像和《馬賽曲》（*La Marseillaise*）作為國家的偉大象徵。後者在一七九五年被選為法國國歌，雖然在第二帝國時期被其他歌曲取代，但隨著拿破崙三世喪失權力，又再度回復。

另一方面，費理也以推動殖民地擴張聞名。他在擴大法國勢力範圍的做法上，除了推廣法文，還將法國的習慣和「精髓」當作推廣目的，強調兩者的意義。殖民地教育是將自由、平等和友愛的美好理想移植到未開化的黑暗社會，高舉「以文明之光照耀」的美麗旗幟來執行。但這麼做的並不只法國，歐洲各國的殖民主義、帝國主義，都是抱持著這種自以為是的立場。

只要回顧一下歷史就會發現，即使是在革命之後，「自己的國家才是最好的」這種法國國粹主義的氣氛，以及意圖拓展殖民地的擴張主義，都沒有任何改變。從七月王朝時期開始，法國就在阿爾及利亞、塞內加爾等非洲國家、交趾支那（南越南）和柬埔寨等中南半島國家，以及新喀里多尼亞等太平洋島嶼推動開發新殖民地。後來在普法戰爭落敗後，實行推回策略*，便對已經殖民地化的阿爾及利亞，以及摩洛哥、突尼西亞等馬格里布各國進行「保護國化」，侵占敘利亞、黎巴嫩、西非（加彭、剛果、查德、蘇丹）、馬達加斯加和寮國。第一次世界大戰後，還加入了本來屬於德國保護國的多哥和喀麥隆，法國殖民地達到一千一百萬平方公里。殖民地、保護國和委任統治地的人口超過法國本國人口，兩者相加後，成為擁有一億人口的大帝國。

然而，法國在殖民地所進行的教育，還是大量依靠羅馬天主教教會。因為傳教者同時是教育者，運用當地語言和法文這兩種語言施行教育是最有效的。對共和國而言，羅馬天主教是勾結君主政治且打算守護舊秩序的勢力，因此輕視之，想到《費里法》的成立以及從教會收回初等教育兩件事，就覺得這實在很諷刺。

天主教和共和派之間有各種隔閡，但共和派觀點終於完全勝利的象徵，就是一九〇五年的《政教分離法》（*Loi sur la Laïcité*）。政府將教會的動產、不動產收歸國有，製作完清單目錄後再承認教會的使用權。宗教被逼到「私人」領域，不再是國家「公共」關心的事務。

將宗教從公共世界驅逐出去被稱為「世俗化、非宗教化（laïcisation）」，但最近法國境內的伊斯蘭教徒逐漸增加，所以新的問題也變多了。一九八九年十月，在巴黎北部郊外城鎮克雷伊（Creil）公立中學發生的「面紗事件」，就成為一大話題。三名佩戴面紗（hijab，指穆斯林婦女穿著的頭巾）上學的伊斯蘭教徒女中學生，經校長勸導後，仍拒絕拿掉面紗，所以被禁止進入教室。由於這個事件，掀起的輿論一分為二。例如「佩戴宗教象徵，是否相當於在公共場所進行宗教活動？」「要違背政教分離嗎？」這樣的爭論。

此外，在第三共和時期，曾發生過給共和國帶來莫大危機的事件——屈里弗斯事件。一八九四年，猶太籍的屈里弗斯大尉被懷疑是間諜，於是被判處終身監禁，但在一八九六年查明了真正的犯人，對於是否要進行再審，國民的意見分成兩派。最後，民主的共和國以及守護人權的左翼共和派戰勝了軍部右翼的意見，使共和政體更趨穩定。

兩次世界大戰

進入二十世紀後，法國依舊持續統治著殖民地，同時也慢慢侵占非洲和亞洲。部分

＊註：意指用強硬手段達成國家的政策改變。

理由是因為經濟的關係，因為國家打算從這些地方取得產業所需的原料。此外，也有擴大商品銷路的企圖。所以銀行家、商人、記者、國會議員和軍人，都是推動殖民統治的核心人物。當然，反彈聲浪也很大，但政府還是主張，「我們具有為野蠻人種帶來文明的使命」，而將這樣的行動正當化。這是從十六世紀以來，就不曾改變過的道理。

二十世紀初期，法國因摩洛哥等殖民地問題和德國對立，頻頻發生外交事件。在法國，普法戰爭之際形成的反德情緒再度暴漲。要求復仇和奪回東方喪失領土的聲浪越來越大。之後第一次世界大戰（一九一四～一九一八年）爆發，雖然法國好不容易才在戰爭中獲勝，但也犧牲了一百五十萬人的性命，且在經濟、物質上都有很大的損失，整個國家疲憊不堪。

然而短暫的「生存喜悅」充斥在社會上，經濟急遽發展，人民大量消費，出現了所謂的「瘋狂時代」。富裕市民被戰爭結束的高昂心情圍繞，覺得什麼都能做到。然而實際上能夠這樣奢侈消費的，還是極少數的人。

儘管第一次世界大戰帶來了巨大的犧牲，但是大戰後的歐洲各國還是侷限在本國利弊得失，無法彼此合作、建構確實的安全保障體制，於是容許希特勒作為國家領導者的納粹德國興起。不久之後，第二次世界大戰爆發，法國因為受到納粹德國占領，再次遭受很大的損害。一九四〇年六月，德國占領巴黎，第三共和國也跟著倒台，魁儡維琪政權代之而起。但夏爾．戴高樂（Charles de Gaulle，一八九〇～一九七〇年）等人拒絕投降，在倫敦建立流亡政府——自由法國，透過北非等國家來部屬對德抗戰。此外，在戴高樂將軍的呼籲下，法國國內也發起抵抗運動。處於占領狀態下的國民生活貧困，而且被迫執行對德通敵合作政策，又引發猶太人迫害事件。一九四四年，盟軍藉由諾曼第戰役登陸法國，於八月二十五日解放巴黎，隨後，戴高樂在阿爾及爾（Algiers）建立的法蘭西共和國臨時政府重回巴黎。

很明顯的，戰爭終結後的世界主導權不在歐洲諸國手上，而是轉移到美國。此外，蘇聯成立以後，人們對於文明未來的觀點慢慢改變，也出現了許多偏向共產主義的法國知識分子及勞工。戰爭結束後得到解放的喜悅爆發，但馬上又產生了戰爭責任和贖罪問題，以尖銳、極端的形式重壓在人們身上。戰爭時期的對德通敵者在街頭被強行拉走、飽受暴力攻擊，或遭到虐殺，這樣的事件在當時頻頻發生。

戰爭時期的甜點和結婚蛋糕

甜點是微薄、小型的食物，但也是多餘、奢侈的食物，所以在戰爭期間等經濟管制的期期，人們很難吃到甜點。

第一次世界大戰和第二次世界大戰發生之際，不論是哪個職業的年輕人都被徵召加入戰爭，所以甜點師傅的人數也有所減少，而且為了製作前線士兵的保久食品，像是硬麵包（壓縮餅乾）以及含有酪蛋白（牛奶所含的高營養蛋白質）的餅乾，據說也禁止甜點店製作一般甜點。甚至會將壓縮餅乾和餅乾分配給小學或俘虜。

前線士兵屈身在壕溝裡生活，配給的餐點只有麵包、肉、乾燥蔬菜，以及砂糖。所以有機會在後方休息的時候，士兵們就會在鄉下的食品店購買巧克力、甜點和利口酒。

那麼，戰爭時期的結婚典禮又是什麼樣的情況呢？此時的食物是採取配給制且相當受限，所以結婚典禮的蛋糕也無法那麼鋪張奢侈。於是蛋糕師傅便以少量材料設法做出外觀豪華、美麗的蛋糕。他們會製作適合擺在蛋糕下方的箱子，並且用白色石膏塗抹箱子。做出來的石膏完成品看起來就像在蛋糕上塗上糖霜（裹上糖衣），整體而言，看起來就像是裝飾豐富的大型蛋糕。

依照上述想法繼續延伸，只要再增加裝飾用的「層數」，結婚蛋糕就會更加華麗。誠如大家所知，在現今的日本，仍持續活用法國在戰爭時期所開創的甜點技法。

戰後的法國

戰後，擔任臨時大總統的戴高樂辭職，在一九四六年十月，經由國民投票憲法得到承認，開啟了第四共和國。任期五年、透過普通選舉被選出的議員所組成的國民議會，就是這部憲法的中心。此外，這部憲法創立了「法蘭西聯盟」，重新組織與殖民地之間的關係，也賦予殖民地和法國國內同等的權利。

不過，第四共和國的政治情勢並不穩定，而讓人深切感受到變更制度的必要性。於是以戴高樂為中心，制定了現在仍持續存在，特徵是具有強大總統權限的第五共和國憲法草案，這部憲法在一九五八年九月二十八日，透過國民投票獲得承認。在這部憲法中，首相要對國民議會負責，同時要輔佐總統決定政策，指揮政府活動。所以如果國民議會中的多數議員，是和總統不同的政治勢力或黨派，總統就經常非得提名和自己立場不同的首相（左右共治）。

經過第一次印度支那戰爭（Indochina War）和阿爾及利亞戰爭（Algerian War）等戰爭後，殖民地陸續獨立，同一時間來到法國的非洲、亞洲移民大量增加。法國擁有歐洲最大的穆斯林集團（伊斯蘭教徒），許多人都是來自以前的殖民地。一直以來，法國人對於統治殖民地這件事，沒有什麼內疚感，而來自殖民地的移民本身也和法國「同化」「統一」，許多人的身分認同首先就是「法國人」這個身分。不過近年來，移民受到經濟不景氣影響的情況特別嚴重，失業、遭受歧視的情況變得越來越多。尤其在大都市的郊外，穆斯林裔居民和其他法國人產生對立、憎恨的連鎖反應，使得社會情況變得相當不穩定。法國是否還能持續這種對移民寬容的政策？目前正處於一個關鍵時刻。

此外，高度工業社會、高度資本主義也一點一點地改變了法國過往的價值觀。光是那種依賴「法國精髓」，激昂訴說自己即是普世價值的文化狀態，是無法與世界往來的，也因此不得不適應大眾社會和全球化等變遷。

在過去大戰中遭受很大損害的法國，下定決心再也不和德國打仗。而在美國和亞洲逐漸興起的情況下，為了持續向世界展示自身的存在感，法國便和德國齊心協力朝向歐洲的統一。

首先，是一九五二年成立了歐洲煤鋼共同體，緊接而來的，是一九五八年的歐洲原子能共同體和歐洲經濟共同體開始展開活動。一九六七年，這三個共同體整合而成的歐洲共同體（EC）誕生，加盟國也慢慢增加。接著在一九九二年，除了以前的經濟領域，為在政治領域統合歐洲各國，簽署了《馬斯垂克條約》（*Maastricht Treaty*），隔年條約生效後，EC成為EU（歐洲聯盟，簡稱「歐盟」）開始重新出發。法國被要求進行國有企業民營化和削減財政赤字，無法再堅持獨特的經濟財政制度和財政方針，而必須以EU整體的和諧、統一為優先考量。儘管如此，就算過程中發生了各種問題，卻仍持續進行的歐洲統合已是一個無法後退的進程，而以文化立國的法國，其生存之道也表現在其中。

技術革新和甜點

最後，來研究一下現代的法國甜點。

二十世紀後期，運輸方法和冷凍設備更加發達後，甚至能夠讓食材以非常新鮮的狀態被運送到遠方，並且使用過去無法使用的各種素材。此外，機器技術的進步促成大量的生產，雖說不用全都依賴機器，但麵團及其他許多材料都能事先以現成品做好準備。

在烘烤、加熱、冷卻和保存等方面，則出現了能嚴格控管溫度、時間和分量的新烤箱和冷藏室，這對製作甜點來說也是一個好消息，而且揉製、壓延的作業也達至機器化，處理時變得更加輕鬆。玻璃紙、鋁箔紙和塑膠容器登場以後，就能用更衛生的方式來展現甜點的美麗外形。

之後將要說明的慕斯蛋糕的流行，或是利用種類繁多的新鮮水果來進行製作，都是仰賴這些技術而能夠實現。此外，任何人都能吃到知名糕點師傅作品（或近似的作品）的機會也明顯增加許多。

近年來，大眾對鮮奶油的愛好也發生變化。一直以來，奶油霜在法國都很受到歡迎，但現在已經是鮮奶油的全盛時代。其他鮮奶油也加入這股風潮，味道、外觀變得越來越豐富。而且受到「糖分對健康有害」這股健康風潮的影響，不太甜的甜點（雖然這簡直就是矛盾的形容）獲得了高度評價。雖然還不至於完全不使用砂糖，但已經來到感謝糖分減少的奇妙時代。卡路里過多也是有害的，所以脂質也是少一點比較好，添加大量奶油已是令人無法容忍，所以有些古典甜點也漸漸不再流行。

慕斯的口感

時至今日，這個時代又再度成為「美好年代」，換句話說，似乎也是一個「女性時代」。這是因為口感佳、滑順、更輕盈、容易消化的甜點非常受歡迎。尤其是慕斯，在「凝固」甜點的必要處理步驟上，採用冷卻取代過往加熱的方式，所以入口即化。這很吻合現代人追求口感的喜好，而迎來一波大熱潮。此外，這種熱潮似乎還演變成「捨棄異國風的香味會更好」。或許對應料理世界新式烹調的新甜點流派時代已經到來。

根據吉田菊次郎先生的說法，密特朗（Mitterrand）總統在一九八一年打造的社會主義政權，據說就是慕斯時代到來的契機。提出縮短勞動時間的政策後，甜點業界提出的對抗措施，就是引進急速冷凍機。因為會集中一次製作生菓子*，再以急速冷凍機冷凍保存。儘管水果不適合冷凍，但若做成泥狀和鮮奶油等材料混合，就能進行冷凍。據說慕斯的時代就是這樣來臨的。

*註：傳統日式點心可依照含水量分類，含水量在三〇%以上的稱為「生菓子」，保存期限較短。

所以，現在慕斯類、芭芭羅瓦、焦糖布丁（Crème caramel）、杏仁奶凍、果凍和舒芙蕾（Soufflé）等甜點大受歡迎。舉例來說，吃完法國料理的套餐後，如果提供的甜點不是冰淇淋或雪酪，應該很多人都會選擇剛剛提到的這些甜點吧。似乎很多人會如此反應：「塔皮類的甜點口感有點沉重……」據說隨著大眾擁有相同嗜好的趨勢，也重新認識了含有細小氣泡的海綿蛋糕麵糊。

目前，甜點的組織、肌理會左右味道的觀點越來越強烈。優格和冰淇淋都是如此，透過進步的技術，甜點一般都帶有鬆軟感、黏糊感、光滑感……在質地上更加細緻。

不過，最近也出現了產品標準化、每個食譜都很相似的趨勢。所以發生了裝飾越來越重要，且相較於味道，裝飾、外觀才是個性化表現的奇妙情況。當然，在法國甜點的部分，「裝飾方法」本來就是重要要素，但只依靠顏色、形狀和質地，難道就不再重視味道嗎？

另一方面，也出現了打算重新認識、保護「古典」甜點的傾向。從九〇年代開始，大家就重新認識香料麵包、瑪德蓮蛋糕、一些塔皮點心、泡芙和閃電泡芙等甜點。此外，最近馬卡龍在法國和日本都大受歡迎，每家百貨公司和甜點店也堆滿了「費南雪（Financier）」等花色小蛋糕。我認為這是一個好趨勢。

法國糕點師傅的時代——埃斯科菲耶和雷諾特

將完成古典甜點的安東尼·卡漢姆等人和現代糕點師傅連結在一起的人，就是人稱「近代法國料理鼻祖」的奧古斯特·埃斯科菲耶（Auguste Escoffier，一八四六～一九三五年）。據說他原本的目標是當一名雕刻家，但從十三歲開始在故鄉附近的尼斯（Nice）擔任料理實習生，十八歲前往首都巴黎，就開始在人氣餐廳工作。之後經過一番波折，他遇見有「飯店之王」名號的凱撒·里茲（César Ritz），兩人便開始從事飯店工作。後來他在歐洲各國大都市開設飯店、餐廳，而這些地方被視為菁英分子的華麗社交場所。

圖6-1　奧古斯特·埃斯科菲耶

埃斯科菲耶讓卡漢姆的古典料理、甜點更加簡單、合理化，而且制定體系達成分工，使其能夠有效率且快速地做出甜點。他所製作的著名甜點，就是擔任倫敦薩佛伊飯店主廚時，獻給曾於一八九三年和一八九六年旅居該飯店的歌劇演唱家內莉·梅爾芭（Nellie Melba）

的「蜜桃梅爾芭（Pêche Melba）」。梅爾芭參與演出的是有天鵝登場、帶有神話性質且內容嚴肅的歌劇《羅恩格林》（*Lohengrin*），但埃斯科菲耶製作的卻是仿效天鵝登場畫面的水蜜桃甜點。這是以美麗天鵝作為承載，將銀器擺放在以冰塊雕刻而成的天鵝兩翅之間，放入香草冰淇淋，再將水蜜桃置於上方，最後覆蓋上絲狀砂糖。這個甜點瞬間成為當紅甜點並且普及開來。

此外，對現代法國甜點最有貢獻且相當有名的，就是甜點師傅加斯頓．雷諾特（**Gaston Lenôtre**，一九二〇～二〇〇九年）。可惜的是，他已在十幾年前以八十八歲高齡去世。雷諾特的雙親都是廚師，據說母親做給他吃的美味甜點，就是他立志成為甜點師傅的契機。他一開始在諾曼第多維爾（Deauville）這個城鎮附近開店，大獲成功後，又在一九五七年前往巴黎發展。他的店開在高級住宅區十六區的奧特伊街，在獲得超高人氣後，就立刻擴大店舖。他在一九七一年設立甜點學校，世界各地想要成為甜點師傅的人們都到此地來向他學習技術。一九七五年，他開始往世界各國發展，首先是德國，接著又在一九七九年於東京開設精品店。

他是可和卡漢姆相提並論的重要人物，他打造了更輕盈、不過份甜膩的現代流行基礎。此外，現在大家熟悉的、大量利用新鮮水果的甜點，似乎也是由他所推廣普及的。

而且為了將厚重的奶油霜變成輕盈口感而加入義大利蛋白霜的技巧，據說也是他的發明。他在利用機器使高級甜點得以量產、普及這方面也有很大的貢獻。

法國的未來和甜點

為了以我的方式追溯法國歷史，我採用「法國精髓」這個關鍵字開始敘述，將法國甜點作為其中一個象徵，去研究思考有關法國甜點的一切。而所謂的「精髓」，指的就是和國家土地不可分割、離開那裡就不可能存在的精華。扎根於古代法國土地的精髓，從中世到近代，牽涉到國王、王妃、貴族、農民、都市民眾、修道士、神職人員等所有階級，以天主教教會、宮廷、貴族官邸、資產階級的家庭作為舞台，甚至還獲得外國和殖民地的援助，得以製作出各種法國甜點，也讓甜點越來越講究。同時透過將精髓發揮極致，所產生的漩渦般吸引力，將製作甜點的所有素材、技術、想法聚集到法國，尤其是巴黎這個都市。

但如今的現況是怎麼樣呢？今日法國的精髓在哪裡？現在在日本和世界其他各國都在製作、享用法國甜點。即使不去巴黎，也能吃到非常美味的法國甜點。當然仍會有這種情況：「甜點終究要以法國為模範、最棒的糕點師傅總是法國人、要學習技術就必須去法國……」，但卻給人一種「法國精髓」已經離開法國土地，擴散到世界的印象。

我認為這似乎也和法國「歷史」的未來有關。守護法文，在公共場合絕對不讓人民使用法文之外語言的法國，在全球化時代能夠將這種高傲的自大守護到什麼地步？而法國的文化戰略會變成什麼樣？時至今日，法國時尚仍然牢牢控制著全世界的高級訂製服，法國人從二十世紀到今日，一直領導國際的建築風格（裝飾風藝術）。所以在甜點方面也和所有料理一樣，法國沒有失去其地位，目前似乎也仍會持續發展下去。

法國一直是農業國家的情況，確實也有助於維持甜點以及其他的法國飲食文化。第二次世界大戰後的經濟成長使得經濟結構出現變化，農業人口大幅減少，法國也加入了工業國的行列。但即便如此，法國的農業生產至今仍很興盛，守住了ＥＵ最大農業國的地位，農作物加工產品是世界第二大出口國，僅次於美國。以前地理學者維達爾・德・拉・白蘭士（Vidal de la Blache，一八四五～一九一八年）曾如此說過：「法國人在法國感受到的，是大地的豐富資源和生活在那裡的喜悅。」到今天為止，這句話應該依然成立吧。

法國國民一直認為最重要的一件事，就是在革命前和革命後，都要給其他國家帶來文化影響。此外，讓大家知道這種魅力，是維持國際影響力所必需，同時也是一種使命。法國文化是一般通用的事物，同時也是法國固有的事物，法國國民一直很重視法國文化這種兩面性。這在今後會變成什麼樣的情況？我帶著不安與期待的心情，連同法國甜點的前途一起持續關注著。

現在，法國也開始接納美式風格，食物、購物和勞動型態似乎有了很大轉變。說英語的法國人也增加了不少。這是一個總統甚至會像美國人那樣慢跑的國家。就我而言，則是希望法國總統務必以「漫遊者」之姿，在巴黎市內優雅散步……。

後記

暫且不說所有料理，光從「甜點」的發展來追溯法國歷史，這樣的做法到底能否成功呢？一開始我多少感到有些不安，但在調查撰寫的過程中，我確信了在甜點的歷史中，充滿了法國史的精華。甜點映照出各個時代法國人的靈魂。我在前一本書《吃出來的義大利史：推動義大利千年歷史的義大利麵》（世潮出版）後記中，已經宣告要從飲食文化史畢業，但甜點是「裝在另一個胃」，所以希望大家允許我收回之前說過的話。

我天生愛吃甜食。和家人、朋友在餐廳用餐或出席聚餐時，聽到別人滔滔不絕談論葡萄酒知識，或是遇到開懷暢飲、氣氛高漲的情況，心裡都會感到不快。但相對地，對愛酒之人來說，我這種完全不瞭解酒類的人，也是個「無趣之人」吧。然而，若以酒類的發展來追溯法國歷史，是怎麼也說不完的，所以我認為以甜點來講述法國史才是正確答案。

撰寫本書時，我想抓緊最近的流行趨勢，便加入妻子朋友組織的「甜點巡邏隊」，主要活動是品嘗東京和神戶知名法式甜點店的作品。當時累積下來的那種非常幸福的心情，支撐我度過這段讓人緊張萬分的艱辛寫作時光。

當然，只靠吃東西是無法寫書的，我也盡可能地查閱相關史料和研究書籍。儘管主要是法文文獻，但也參考了這個領域中的許多日文著作，我也想將這些書籍記錄下來：

・大森由紀子『新版　私のフランス地方菓子』柴田書店、二〇一〇年
・大森由紀子『フランス菓子図鑑——お菓子の名前と由来』世界文化社、二〇一三年
・河田勝☒『古くて新しいフランス菓子』NHK出版、二〇一〇年
・北山晴一『美食の社会史』朝日選書、一九九一年
・マグロンヌ・トゥーサン＝サマ（吉田春美訳）『お菓子の歴史』河出書房新社、二〇〇五年
・猫井登『お菓子の由来物語』幻冬舎ルネッサンス、二〇〇八年
・ニコラ・ハンブル（堤理華訳）『ケーキの歴史物語』原書房、二〇一二年
・ジャン＝ロベール・ピット（千石玲子訳）『美食のフランス——歴史と風土』白水社、一九九六年
・吉田菊次郎『西洋菓子　世界のあゆみ』朝文社、二〇一三年
・アントニー・ローリー（池上俊一監修）『美食の歴史』創元社、一九九六年

其實在現在的法國，甚至是巴黎都很難看到講究的美味甜點。咖啡館裡的甜點是水果或巧克力做成的塔皮點心和布里歐，街頭普通蛋糕店擺放的，也只是又大又甜的蛋

糕，或是比甜麵包好一點但稱不上蛋糕的東西，讓人有點愕然（話雖如此，但若習慣了也會覺得美味）。可以被稱為法國文化精華的細緻、美麗甜點，只能在時髦街區的有名蛋糕店和茶館品嘗到。

即使是現在，大概也沒有像日本這樣能輕易品嘗到美味甜點的國家吧。不只在東京和神戶，只要是稍具規模的都市，到處都有高水準的蛋糕店，百貨公司地下街更是甜點天堂。這種國家在全世界是找也找不到的。法國文化的精髓可說是在日本扎根了

本書的編輯作業，和撰寫《吃出來的義大利史：推動義大利千年歷史的義大利麵》時一樣，承蒙岩波書店編輯部朝倉玲子女士的大力幫助。她提供了許多潤色、刪除的建議，讓這本書的內容和表達更符合Junior新書系列的要求。我再次深切感受到「書籍」並非作者一個人的作品！我由衷地感謝她的幫助。

如果能讓國高中生的讀者，看著可愛插圖、沉浸在甜蜜情緒中，同時學習法國史的概要和法國精髓，我將會感到無比喜悅。

池上俊一

	1871　巴黎公社 1879　**發明鮮奶油分離器** 1881～1882　初等學校教育免費化、非宗教化、義務化 1887　建立法屬印度支那 1890前後　**「反烤蘋果塔」誕生** 1894　屈里弗斯事件（～1906） 1905　政教分離法 1914　第1次世界大戰（～1918） 1919　凡爾賽條約，法國收回阿爾薩斯和洛林 1939　第2次世界大戰（～1945）。**戰爭時期結婚蛋糕的巧思**
維希政權	1940　成立維希政權，對德通敵合作
第4共和	1946　開始第4共和 1954　阿爾及利亞戰爭（～1962）
第5共和	1958　開始第5共和，夏爾·戴高樂再度成為總統 1962　阿爾及利亞獨立 1981　密特朗政權成立。**引進急速冷動機，促使慕斯開始興盛**

第1帝國	1804　拿破崙加冕成為皇帝 19世紀初期　**卡漢姆製作許多高塔蛋糕，甜點師傅魯熱研發「法式千層酥」** 1808　開始對英國施行大陸封鎖
復辟王朝	1814　拿破崙退位，路易18即位 1815　拿破崙「百日王朝」。**卡漢姆出版《巴黎皇家甜點師傅》出版** 1825　**布里亞．薩瓦蘭出版《味覺生理學》**
7月王朝	1830　7月革命，路易．菲利普成為法國國王 1830年代　公共馬車開始在巴黎市內行駛 1842　法國真正的鐵路時代來臨 1846～1847　**在巴黎研發出「聖多諾黑泡芙」**
第2共和	1848　路易．菲利普因2月革命逃亡，第2共和時代開始。勞工發起6月暴動。路易．拿破崙在12月成為總統 1850　**在里昂第1次做出「閃電泡芙」** 1851　路易．拿破崙發動政變
第2帝國	1852　拿破崙3世開啟第2帝國 1853　塞納省省長奧斯曼男爵進行巴黎大改造 1857　建設新巴黎中央市場（～1858） 1862　**法國西北部的南特誕生第一家花色小蛋糕工廠** 1870　普法戰爭（～1871），拿破崙3世成為俘虜
第3共和	1870　開始第3共和 1870之後　**聖誕樹幹蛋糕開始普及**

	1688　法國和英國因安地列斯群島展開對峙（～1818） 1691　**在馬西洛特的《宮廷與資產階級的廚師》書中第1次出現卡士達醬** 17世紀末期　**開始在安地列斯群島進行大型甘蔗栽培** 1746　**曼農出版《資產階級家庭的女廚師》，介紹巧克力甜點和鮮奶油等大量甜點** 1751　《百科全書》開始出版發行 1755　**「瑪德蓮蛋糕」在洛林地區科梅爾西的斯坦尼斯瓦夫國王的城堡誕生** 1756　7年戰爭（～1763），法國失去加拿大 1760　**設立皇家巧克力工廠** 1770　**瑪麗·安東妮嫁給後來的路易16，從奧地利傳入咕咕洛夫等眾多甜點** 1789　法國大革命（～1799）
第1共和 （國民公會）	1792　王權統治停止，經過男子普通選舉開啟第1共和 1794　熱月政變（羅伯斯比爾下台）
督政府	1795　選出5位督政官，成立督政府 1796　**《小點心入門》**出版
執政府	1799　霧月政變促使拿破崙執政 18世紀末期～19世紀中期　**巴黎誕生許多餐廳** 1803　**葛立莫·德·拉·黑尼葉出版發行《老饕年鑑》（～1812）**

	14、15世紀　**香料麵包在貴族之間普及**
	1337　英法百年戰爭（～1453）
	1348　因黑死病造成3分之1左右的人口死亡
	1429　聖女貞德解放奧爾良
	1515　法蘭索瓦1世即位（～1547），領導法國文藝復興
	1533　**凱薩琳．德．麥地奇嫁給後來的亨利2世，傳入冰淇淋和糖果等義大利甜點**
	1534　雅克．卡蒂亞登陸加拿大
	1559　法國宗教戰爭（～1589）
	1572　聖巴托羅繆大屠殺
波旁王朝	1589　亨利4世即位（～1610）
	1598　南特敕令
	1615　**西班牙安娜公主嫁給路易13，傳入飲用巧克力的習慣**
	1618　30年戰爭（～1648）
	1643　路易14即位（～1715），**開始讓人製作加入鮮奶油的冰淇淋**
	1648　投石黨動亂（～1653）
	1648　《西發里亞和約》
	1653　**拉瓦倫出版《法國糕點師傅》**
	1655　**喜歡甜點的沙布雷侯爵夫人搬入修道院**
	1661　藉由芒薩爾的設計開始建設凡爾賽宮
	1670～1680　**開始在馬丁尼克島種植可可樹**
	1671　**研發發泡鮮奶油的華泰爾自殺**
	1686　**西西里亞人波寇皮歐在巴黎開設第1家咖啡館（波寇皮）**

法國史年表（**粗體字**是與甜點有關的事項）

羅馬統治以前	前9世紀左右　凱爾特人從多瑙河流域來到高盧地區
高盧羅馬人時代	前58～51　凱薩征服高盧 4世紀　法蘭克人來到高盧地區 476　西羅馬帝國滅亡
墨洛溫王朝	481　法蘭克王國第1代國王克洛維舉行加冕儀式 中世初期　**祝福餅和烏布利鬆餅出現在基督教相關文獻中**
卡洛林王朝	751　矮子丕平國王創立卡洛林王朝 800　教宗李奧3世賜予卡爾大帝西羅馬帝國皇冠 910　設立克呂尼修道院
卡佩王朝	987　于格．卡佩被選為法國國王 1096　十字軍開始東征（～1270）。**在這段時期，砂糖、香料、奇珍水果、千層麵團從阿拉伯世界傳入法國** 1180　腓力2世（尊嚴王）統治下的太平盛世（～1223）。建設巴黎新城牆和羅浮宮 1207　**專門製作烏布利鬆餅的師傅出現在同業工會清單中** 1214　布汶戰役打贏英格蘭和德意志後，王權更加強化 1270　路易9世（聖王）去世
瓦盧瓦王朝	1328　卡佩王朝滅絕，腓力6世開啟瓦盧瓦王朝 14世紀初期　**開始於主顯節食用國王蛋糕**

Note

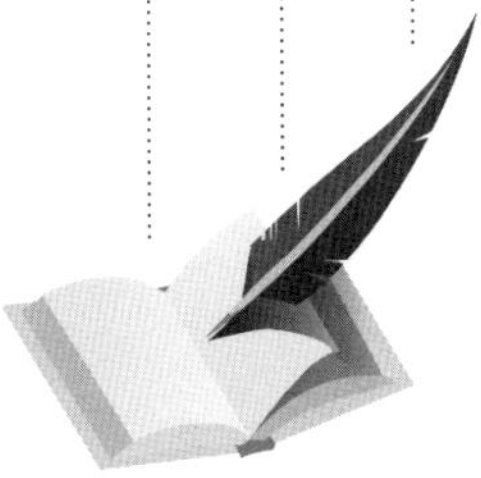

Note

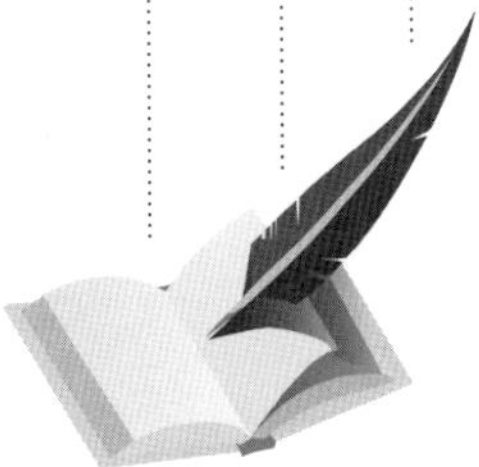

王室英國：國王、海盜與大不列顛的崛起

作者：池上俊一
出版社：世潮
定價：380元

★★★搭配最新課綱的輔助讀物！★★★

日本高中學校推薦指定讀物！
獲選日本讀賣新聞 NHK廣播朝日新聞「好書好日」！

征服王威廉一世、海盜女王伊莉莎白一世、惡魔學者詹姆士一世、平民王喬治三世……深掘各具個性的英王們，就能逼近現代英國的真面目。

談到英國，或許會先想到帶領英國走向巔峰的兩位女性——伊莉莎白一世及維多利亞女王。
邁入二十世紀後，因大憲章的緣故，使皇室權力大減，歐洲王室陸續被廢止或形式化，但英國卻只有兩成名眾想廢除王室制度，改為選用共和制。
特別的一點是，英國是議會制民主主義的祖國，是全世界很快實現政治近代化的國家，即便如此，英國長時間擁有乍看之下與民主主義不相容的王制，現在仍是以國王為君主的王國。在如此特別的憲政狀況中，王族如何成為不可或缺的存在。
追溯以英王為主的政治史•制度史流變，才能理解現代英國為何是這樣。

熱血西班牙：伊斯蘭、猶太人和基督教的衝突與和解

作者：池上俊一

出版社：世潮

定價：360元

為什麼西班牙曾被視作非洲的一部分，是歐洲的「異鄉」？
西班牙人到底該說是剽悍還是熱血？
花花公子唐璜反映出了西班牙人什麼樣的愛情觀？
唐吉軻德究竟是英雄還是集矛盾於一身、既可悲又可喜的存在？
西班牙人相信，在鍋釜中也能得見上帝？
為什麼西班牙的民族意識形成很困難？
聖像遊行拯救了誰？
現代西班牙人的熱情體現在買彩券上？
鬥牛士手中的紅斗篷、佛朗明哥舞者的大紅裙擺、番茄大戰中飛濺四射的紅色汁液，為什麼西班牙對紅色情有獨鍾？

紅色的西班牙，爛漫、激情又熱血的國度！
兼具狂熱與受難的雙重性！
本書結合政治架構與民族特徵理論，從精神角度出發，闡明西班牙的歷史——

德國不思議：從森林、山川探索德意志的文化與哀愁

作者：池上俊一

出版社：世潮

定價：350元

茂密的森林、縱痕交錯的河川、聳立在南方的阿爾卑斯山—若除去自然要素就無法談論德國千年的歷史。

作為音樂國度、環保先進國而聞名的德國，其獨特壯闊的自然景觀，竟與魔女狩獵和納粹迫害猶太有千絲萬縷的關係。

長期處於分裂狀態，直到柏林圍牆傾倒後才真正統一的德國，是如何在幾十年後成為工業經濟大國，成為歐盟的支柱，甚至被譽為「歐洲成長的引擎」。

不僅如此，席捲於德國各地的浪漫主義、有機哲學世界觀，帶動了對於「自然」的嚮往與崇拜。
看似矛盾的工業與環保，卻在德國達到完美的平衡！

以帝國為起點，走向共和國的漫長道路上，一草一木皆是促進德國往前的動力。

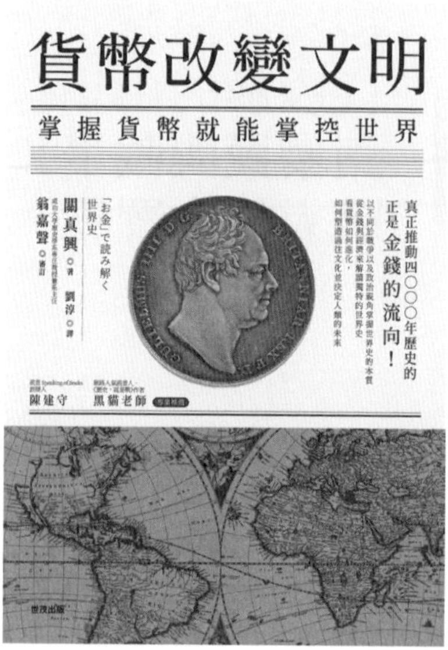

貨幣改變文明：掌握貨幣就能掌控世界

作者：關真興

出版社：智富

定價：350元

不做貨幣的奴隸，要做貨幣的主人
「貨幣」是一切經濟問題的核心
無所不在的貨幣，是你非懂不可的金融商品

西元前一～四世紀的羅馬帝國是良幣驅逐劣幣
西元七～十世紀的伊斯蘭世界，東邊使用銀幣，西邊使用的是金幣
西元十一～十四世紀的中世紀義大利都市確立了銀行業

真正推動四〇〇〇年歷史的正是金錢的流向！
以不同於戰爭以及政治視角掌握世界史的本質
從金錢與經濟來解讀獨特的世界史
看貨幣如何進化，如何塑造過往文化並決定我們的未來！

古羅馬惡行錄：從殘暴的君王到暴民與戰爭，駭人的古羅馬犯罪史

作者：傑利．透納

出版社：智富

定價：420元

解決不了問題，就解決提出問題的人！
現代社會常見的犯罪，古人做的更溜

一部頗具啟發性的古代犯罪簡編
闡釋羅馬人關於道德、罪行與懲罰的想法
涵蓋從神話起源到基督教統治下帝國的整個古羅馬歷史
為成年讀者準備的駭人歷史故事

●男子強暴未婚妻被上訴，律師說：
——該說是強暴了她，還是先入了洞房
●身為皇帝（尼祿）居然喜歡上街搶劫
——有錢人的快樂往往就是這麼樸實無華且枯燥
●在酒吧聽到陌生人抱怨政府，跟著一起罵，然後就被抓走了
——完美的釣魚執法

當我們審視羅馬的時候，我們看到了什麼？
是古代腐敗的可怕景象——還是我們所處動盪時代的倒影？

國家圖書館出版品預行編目(CIP)資料

甜點裡的法國：把甜蜜當武器的法蘭西歷史與文化 / 池上俊一作；邱顯惠譯. -- 初版. -- 新北市：世潮, 2020.08
面；　公分. --（閱讀世界；33）

ISBN 978-986-259-070-6（平裝）

1.飲食風俗 2.文化史 3.法國史

538.7842　　109004783

閱讀世界 33

甜點裡的法國：把甜蜜當武器的法蘭西歷史與文化

作　　者 / 池上俊一
譯　　者 / 邱顯惠
主　　編 / 楊鈺儀
特約編輯 / 陳墨南
封面設計 / Chun-Rou Wang
出 版 者 / 世潮出版有限公司
地　　址 / (231)新北市新店區民生路19號5樓
電　　話 / (02)2218-3277
傳　　真 / (02)2218-3239（訂書專線）、(02)2218-7539
劃撥帳號 / 17528093
戶　　名 / 世潮出版有限公司
單次郵購總金額未滿500元（含），請加80元掛號費
世茂網站 / www.coolbooks.com.tw
排版製版 / 辰皓國際出版製作有限公司
印　　刷 / 傳興彩色印刷有限公司
初版一刷 / 2020年8月
三刷 / 2022年2月

ＩＳＢＮ / 978-986-259-070-6
定　　價 / 380元